U0962825

精益制造011

TPM推进法

图解生产实务

図解でわかる生産の実務

現場が主役のＴＰＭ－ムリ・ムダ・ムラをなくすための鉄則５１

[日] JIPM-S 编　　刘波 译

人民东方出版传媒
People's Oriental Publishing & Media
東方出版社
The Oriental Press

目录

前言
——TPM 的出发点是“主角在一线”

TPM（Total Productive Maintenance & Management，全员生产维护管理）是以追求制造业获取可持续收益（盈利）的企业体制为目标，建立实现具有可持续性的人才培养、作业改善、设备改善的体制和计划的管理方法。TPM 也被称为“全员参与生产维修，全员参与生产经营”。

TPM 的概念自 1971 年提出以来，不限国家，不拘行业，已在 3000 多家工厂引进并应用，在各企业中均取得骄人成果。TPM 的出发点是“改善人员素质和设备体制”，是一种重视生产现场的思考方式。在生产一线工作的全体从业人员不单只是日复一日地完成由他人交付的简单操作，而且从“自主维护”的基本构想出发，能够成长为主动投入工作的自律型劳动者。

但是，TPM 原本的目的并没有得到人们的理解。我们经常能听到诸如：“TPM 活动不好开展”、“TPM 活动除了清扫还是清扫”等抱怨的声音。本书正是从纠正这些偏见的角度出发编撰而成。TPM 是一种在消除了 3K（脏乱、疲劳、危险）和超负荷、浪费、不均衡等因素的基础上构建一个安全舒适的工作环境的活动。其重点是开展 TPM “以现场为本”的活动。本书以活跃在生产一线的从业人员为对象，在讲述理论知识的同时配备大量插图和漫画，针对自主维护、个别改善等 TPM 活动的基础环节，在帮助读者更深层次地理解 TPM 概念的基础上完成编著。此外，本书第一部分的漫画篇是以凸显本书之主旨——“TPM 主角在一线”——特别设置的。

执笔本书的是一些日常怀着满腔热情活跃在 TPM 顾问一线的人士，此外笔者还得到很多前辈的精粹点拨。值此机会，特向为本书做出贡献的各界人士表示深深的谢意。另外，本书还得到许多出版业、教材开发中心相关人士的大力帮助，值本书出版之际在此一并致谢。

衷心期待今后 TPM 的发展日新月异。

大崎秀夫

2010 年 7 月

第 1 章

看漫画
识设备

最懂设备的人是我们！

文字：JIPM solution　漫画：林太郎

山本一平	山本加奈	山本一树	滨本 胜	杉下照男	岩田修治
生产部股长	一平的妻子	一平的长子	厂长	生产部部长	维修科科长

山本一平供职于AT技术株式会社的狭山工厂。自从一平升任股长以来，狭山工厂成长为公司旗下的核心工厂。这天，当决定企业命运的新产品准备正式投入批量生产时，生产线却遭遇了一场突如其来的变故……

咳
咳
喂，怎么？一树没事吧？
パパ
好像……咳嗽加重了……
咳
咳
刚醒来时还不怎么严重……
总之，先别送幼儿园了，带到医院去看看！
我出门了！
AT 技术株式会社

祝
全自动洗发机
正式确定批量生产
嗡嗡……
厂长？您感觉怎么样啊？
哇，这玩意，真不错！！还有头部按摩。
香波！护发，还带吹干。
太棒了！
造型可爱
像漫画里的角色。
香波
护发素
这可是让我们这个多年屈居家电制造商第五位的企业有望跃居第一的新商品啊！
当然了！
从明天开始，终于要正式投产了……
早就盼着这一天了。

十年前，提起咱们这个狭山工厂……只能从东京工厂捡一点残羹冷炙
AT 技术株式会社
东京工厂
大阪工厂
狭山工厂
还是一家只能接一些小批次零部件订单的小厂。
自从……一平进厂以后，一切才开始有了转机，对吧？
改善！
自从他每年向狭山工厂生产部提出多三百件改善案，并荣升系长以后，下属的辞职率就变成零了。
接下来，我们一步步从接到中批次订单发展到接到大批次订单……现在，终于……
小批次
↓
中批次
↓
大批次
拼搏!!
行业首发!! 全自动洗发机批量投产正式开始!!

咚咚锵！
咚咚锵！
AT 技术株式会社
大家有拼劲儿了，对不对，杉下部长？
厂长，您说的一点儿没错儿。
一二！
三！四！
四！
一二！
三！四！
四！
生产！！
噢！
拼搏！
好！！从今天开始批量生产正式启动！
大家一起，振奋精神，干活喽！！
AT 技术

拼搏！！
拼搏！！
小岩，你听说平均日产量了吗？
拼搏！！
好像是三百八十台吧。
作为维修科科长，你觉得这个目标可行吗？
我个人觉得二百五十台是最大限……
アットテクノ
山本
召开生产会议时，你不是没意见吗，一平？
拼搏！
那，那是因为……

欢呼声（加油）！
全自动！
欢呼声（加油）！
全自动！
咚咚锵！
咚咚锵！
欢呼声（加油）！
全自动！
欢呼声（加油）！
全自动！
嗨！嗨嗨！！
咚咚锵！
多生产！！多生产！！
生产就是拼搏！！

拼搏！
一平……总公司那边……下达日产三百八十台的硬性任务了。
什么都按计划来做，完全不考虑设备的状况，你们生产科到底是做什么的？
小岩！维修人员才是给设备看病的医生啊
总公司也好，生产部门也好，我们设备的事是不完全懂的……
所以，小岩，如果你不去努努力……
或许是吧。最懂设备的人难道不是你们这些每天跟设备打交道的人吗？
！
如果你们说不的话，情况说不定早就变了。
?!

光洁明亮
咚咚锵！！
拼搏！
咔
咣当
股长！不好了！A生产线突然停了！
怎么回事？
笨蛋！快重新启动啊——！
A线的去B线！先让小岩看看这边！
嘣

股长！！完了！B生产线也停了！
砰！
啪嗒
这是怎么搞的！生产部队！你们快想办法让设备运转啊！
啊！
咔嚓！
嗤！
什么味儿？
真臭！
不得了……

冷汗
……
大家先到别的地方帮帮忙。
今天之内恢复是不可能的了。
把生产管理喊来！
换三个班！
喂……！
拨打电话音
啊
喂，加奈！

对不起……
今天出了点事儿，我可能回不去了。
知道了！
一树这边，你放心吧。
孩子好一点儿了吗？
嗯，让他喝了些姜汤。
马上见效了！
差点就感冒了，所以，预防很重要啊。
AT技术株式会社
AT技术

右耳香波！左耳护发，帽子用来吹干。
！！
你还在啊，一平……
感觉好像还是少了点儿什么
这可是总社为了起死回生竭尽全力想出来的办法。
先试试再说，来搭把手，帮个忙。
今天无论如何得恢复。

一平，把下面的螺丝递给我。
是。
先试试30转/秒再说。
吱拗！
光洁明亮
总算能喘口气了！
……

哼，一平这家伙！
小岩……
老实说……昨天对设备进行最终检查那会儿，你的那个日产量三百八十台，我觉得不太靠谱……
超过额定转速时，机器会发出奇怪的响声……所以，二百五十台恐怕是上限了……
……
不过，当时我没说……
我这个生产部的人对设备的事儿指指点点，当时觉得似乎不太合适，所以……
但是，你不说这不就出事了……
过去我在其他工厂见习的时候，那里常因为人手不够而犯难。
咔嚓
咔嚓
但是，生产部的人学习了一些设备构造方面的知识后，通过不断的改善使工作效率得到了提高。

小岩你说得对……最懂设备的应该是我们这些使用设备的生产部的人。
并不是我只管生产，你只管维修，其实生产现场的每个人都是主角……
……
好了
三十转/秒再试一遍……
AT技术株式会社
他走了！
有了
AT技术

本故事中登场的人物、公司等纯属虚构。

第 2 章

从 TPM 中学习
提升现场力的秘诀

1. 以构建舒适的工作环境为目标

你所在的企业是否为员工提供了一个人性化的工作环境? 下面就让我们一起通过TPM活动改善工作中的困扰，构建一个让员工安心放心和充满活力的工作环境!

■ 我们的工作岗位真的便于工作吗?

一天之中有三分之一以上的时间我们都是在工作场所度过的。那么它是一个人性化的工作环境吗? 那里的机器设备是不是“故障频发”;“是否短暂停机的次数频繁、恢复正常运转所需的时间很长”;“经常出现不良产品，经常延时作业”，你有没有为这些问题感到困扰呢? 另外，操作过程中你是不是经常碰到比如“不好干的活儿被搁置”、“始终跑来跑去，工作效率低下”、“重体力劳动多，身体疲惫”、“返工和重复操作频繁，无效操作多”等超负荷、浪费、不均衡的困扰呢？ 在工作环境方面，你是不是经常为“地面上沾满油污或粉尘，脚下一步一打滑”、“差点被机器夹住手，每次想起来就一身冷汗”之类不安全的工作环境感到忧心忡忡呢？

■ 通过 TPM 让工作更轻松

如果没有上面列举的问题，工作就好干多了，那样的环境应该是很人性化的了。 企业一线员工要想解决生产现场的困扰，应从实践 TPM（参考附录）开始。 TPM 作为一种改善生产现场、培养人才（引导员工自主成长）的有效机制已经被很多工厂引进并实践。

第一次接触 TPM 的人可能会担心 TPM 会不会造成额外的工作负担。 没错！ 解决困扰大家已久的问题必须具备一定的力度。 但是，如果对生产现场的问题置之不理，有谁会愿意在那样的工作环境中工作呢？

对从事生产的人来说，改善生产设备和客观环境也是工作的一部分。 那么，为什么不通过推行 TPM 活动把从事生产的人从时间中解放出来，让他们工作起来更轻松，并逐步推进改善呢？

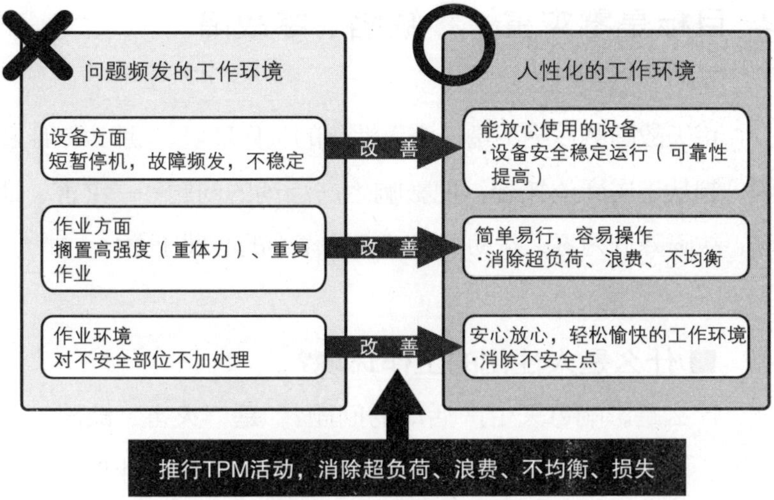

图2–1　构建人性化的工作环境

图2–2　推行TPM，让工作更轻松

2. 目标是零灾害、零缺陷、零故障

每天故障频发绝不是一个人性化的工作环境。那么就让我们一起从工作岗位抓起，把影响生产活动的问题——灾害、缺陷、故障降低为零，帮助员工减轻工作中的心理压力！

■ 什么是人性化的工作环境？

什么是影响每天生产活动的问题？是“灾害、缺陷、故障”。如果这些问题频发，就会导致生产无法按计划完成。一个让一线作业人员感到潜在受伤危险、缺陷、故障和短暂停机等精神压力的工作岗位很难被称之为一个人性化的工作

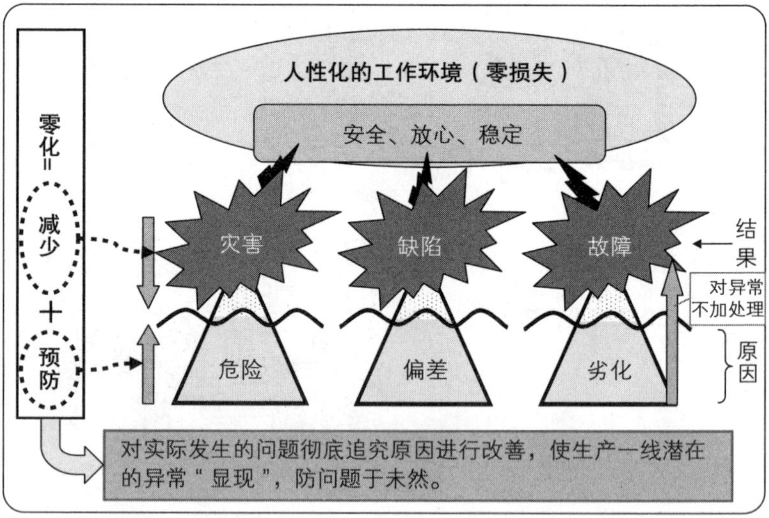

图2-3 构建人性化的工作环境的重点是“减少”和“预防”

环境。构建“人性化的工作环境”的目标，根本在于维持消除了生产活动中的问题的状态——“零灾害、零缺陷、零故障”。（参见图 2－3）。

■ 零损失就是“减少活动＋预防活动”

将损失降至为零，必须进行减少和预防损失的活动。所谓“减少损失的活动”，就是根据理论追溯已经发生的缺陷和故障的要因，并对这些要因进行复原和改善。但是，这一步只是事后对策，仅仅通过这些措施还不能将损失降至为零，这时更重要的是开展预防损失的活动。那么，为什么会发生“灾害、缺陷、故障”呢？问题出在作业人员对生产现场的异常的搁置。实践“零损失”的原则是：通过五观和

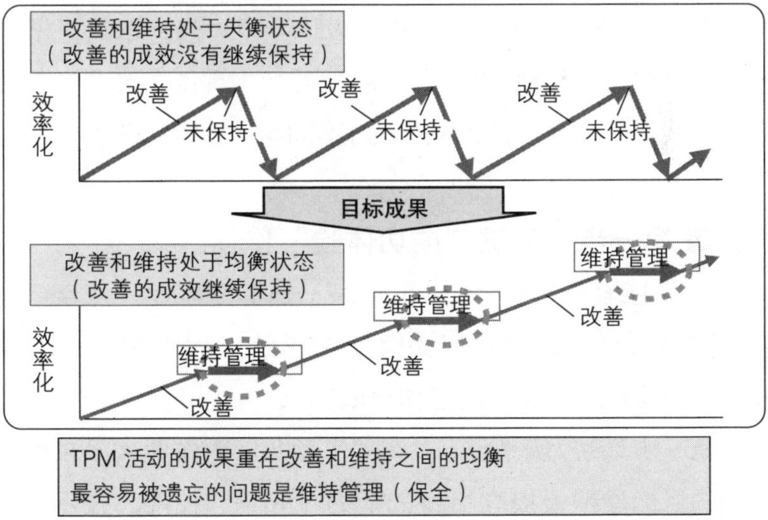

图2-4　改善和维持管理

“目视化管理”使异常提前“显现”（在问题发生之前发现并处理），防灾害于未然。在设备异常发生之前发现引起危险和顾虑的因素、缺陷和故障的潜在的发生源。并通过彻底使之消除的维护管理实现“零灾害、零缺陷、零故障”。

■ 将“灾害、缺陷、故障”降低为零

将损失降至为零的设想是描述问题“应有的理想状态”并努力使之实现。也就是说，“追求极限”的挑战精神和“必须实现零目标”的信念最重要。

3. 体验自我成长的工作岗位

体验自我成长必须付出相应的努力，首先是“干劲儿”；其次是“技能”和“施展空间”。具备了这些条件之后，让我们一起向构建人性化的工作环境发起挑战吧！

■ 第一步，尝试“成功体验”！

“自主维护活动”（参见附录）是指由作业人员自己动手“改装设备”，在将损失降低至零的过程中提高自身技能，从而实现“人性化的工作环境”。

第一步是动力激发。对有“干劲儿”的作业人员来说，他们的目标是积极提高自身的能力（知识、技能、技术）。如果想让员工们工作中始终保持“干劲儿”，则必须有活动

的成果——“成功体验”，因为体验目标实现时的喜悦并积累成功非常重要。

■ 体验成长

当TPM活动逐渐步入正轨时，××企业新入职的员工小A第一次开始倒班工作。此后不久，小A在生产现场巡逻的过程中无意中发现地板上沾了一滴油污，很快他把这件事汇报给上级。由于小A的早期发现，使一场因阀门漏油可能引发的重大事故得以避免，在相关人员采取应急措施维修后，生产恢复正常。企业一线员工通过对车间地板进行彻底清扫和干燥处理，这和实现自主维护的出发点——“异常现象早发现”的成果是分不开的。

如上所述，通过自主改善所在的生产现场和工作环境，发现工作中存在的异常现象并获得成功体验，进而感受到维护管理和防患于未然的重要性。这样的生产一线才能被称之为“员工体验自我成长的工作环境”（参见图2－6）。

■ “人性化的工作环境”＝“富于创造性的团队”

创造人性化的工作环境需要我们付出汗水和努力，为了能够克服这些困难，我们不但需要学习，还需要努力设法实现，这个学习和努力的过程非常重要。创造的出发点是对我们身边的问题抱有一种怀疑的态度。这种怀疑的态度将成为一个契机，并由该契机产生丰富的创造力。多一个帮手就减

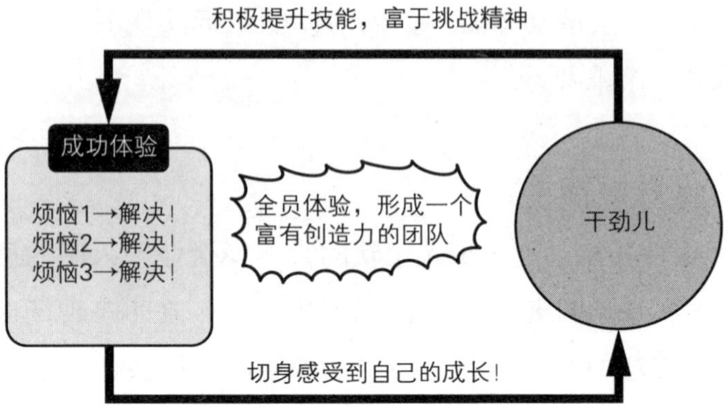

图2-5　积累成功体验

图2-6　构建一个让员工感受自我成长的工作环境

少了一份烦恼，正如“三个臭皮匠，赛过一个诸葛亮”形容的那样，请拿出更多的建议和智慧吧！

4. 充分发挥团队力量

无论工作环境是否人性化，它都会反过来影响在其中工作的人。 所以，这个大舞台的主角不是别人，正是一线员工自己。 作为小集团中的一分子，我们应该群策群力，发挥集体的力量。

■ 我们是主角

“缺乏人性化”的问题不在其他，而在工作本身。 这个问题很容易被日复一日的工作所淹没。 打个比方，如果对日常工作中的难点不及时进行调整，问题就永远不会暴露出来。 如果想解决实际工作中存在的问题，就需要以一线员工为中心来考虑对策。 为什么？ 因为对工作和设备上的问题感到困扰的正是使用者自己。 工作环境得到改善时，最大的受益人也是一线员工自己。 所以，让我们以“自主思考，开展活动”的主角意识拓展 TPM 活动的空间！

■ 为 TPM 活动注入活力的团队

话虽如此，根据问题的大小和难易程度，有时我们也会碰到凭借个人力量无法解决的问题，这时团队的作用就至关重要了。 小集团的活动与棒球或足球运动的道理一样，每个成员都有其存在的价值，TPM 小集团开展活动的成效和热情度与团队力量的强弱相关。 竞技体育的世界也一样，即使个

图2-7　为TPM活动注入活力的团队

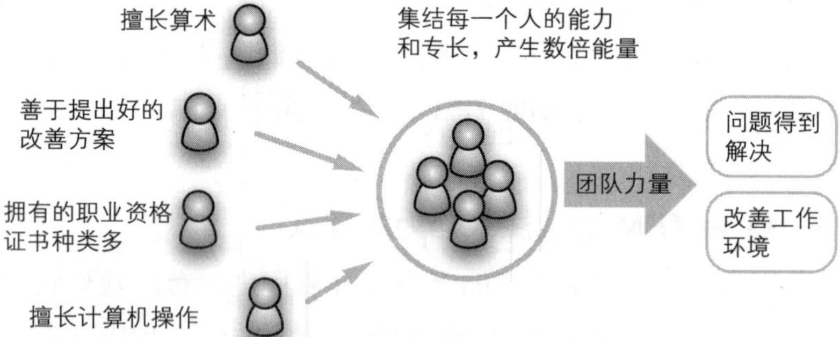

图2-8　团队中的每个人都是“主角”

人能力不如其他强手，凭借团队的力量发挥集体优势的例子比比皆是。失败并不可怕，重要的是为实现同一个目标发挥每个人的作用，彼此信任并组成一个不偷懒不懈怠的集体。为此，在小集团活动中发挥每个人的“主角”作用，明确每个人的职责和任务非常重要。

■ 构建全员参与的团队

“构建人性化的工作环境”是通过全员参与并推动TPM活动实现的。关键是构建一个参与的每个人都具备主角意识，作为一个集结个人能力的团队构建发挥集体综合实力的新体制。

5. 全员参与的体制改善从“干劲儿”、“能力”和“施展空间”开始

实现企业方针目标需要全体员工的努力。正因如此，全员对工作保持“干劲儿”、掌握相应的“能力”并且有具体的“施展空间”就显得尤为重要。

■ 在全员参与的基础上改善企业体制

要使企业持续保持旺盛的生命力，全体员工的参与必不可少。作为一线员工的职责，首先最重要的是切实遵守生产过程中制定的操作规程。此外，监管责任人在检查这些操作

规程具体遵守情况的同时，必须对员工进行相应的指导和支持，确保制度规则在工作岗位中落实到位。

再进一步，企业经营决策层需要在明确企业中长期发展目标和期望形态的基础上，谋求目标的具体落实和后续跟进工作。

每个员工都应承担起各自的职责，上至经营决策层下至各一线人员，全员以实现改善活动和自主管理体制为目标，积极参与强化维持和改善企业体制的 TPM 活动。只有这样，才能实现“企业体制的真正改善”。

■ 充实“干劲儿”、“能力”和“施展空间”

营造全员参加的氛围，首先是激发每个人的“干劲儿（积极主动做事的意识）”，这需要创造“不怕失误的环境”和“成功体验”，也就是营造“以失败为基础进行挑战的态度”的氛围。

关于“能力”，需要作业人员掌握将改善方法、改善建议落到实处的技能、技术和技巧。

关于“施展空间”，不但要明确发挥个人能力的具体场所，还要安排好相应的活动时间。换句话说，创造所需的场所和时间是关键。

图2-9 “干劲儿”、“能力”和“施展空间”

6. 通过复合式团队为工作岗位注入活力

工作岗位是一线从业人员生活的场所。企业各阶层应通过积极开展小集团活动，切实发挥各自的职责，形成一个自主行动的团队。

■ 通过全员参与的复合式团队活动不断发展

所谓“小集团活动”，一般是指以生产一线员工组成的团队为基础，采用全员参与、自主管理方式开展的工作岗位改善活动。但在TPM中，为实现上至经营决策层，下至生产一线全员参与的企业各阶层小集团活动，组建了一种被称为“复合式团队”的组织（参见图2－10）。

首先，在企业经营决策层中组建企业TPM推进委员会。该委员会由企业决策层出任领导，各部门负责人作为成员组成团队。其次，由各部门负责人担任领导，其下属科室的科长作为成员组成团队。再由各科室的科长担任领导，下属干事作为成员组成团队。最后，由各干事担任领导，生产一线员工组成团队。

如此类推，在企业中形成自上而下，从领导到成员层叠式的被称为“复合式团队”的组织体制。领导的职责是承启上下团队之间的关系，企业经营决策层的方针目标向下级团队的方针目标展开，层层推进，直到渗透生产一线。这样的体制有助于问题上报和解决，信息传播速度快、企业从上到

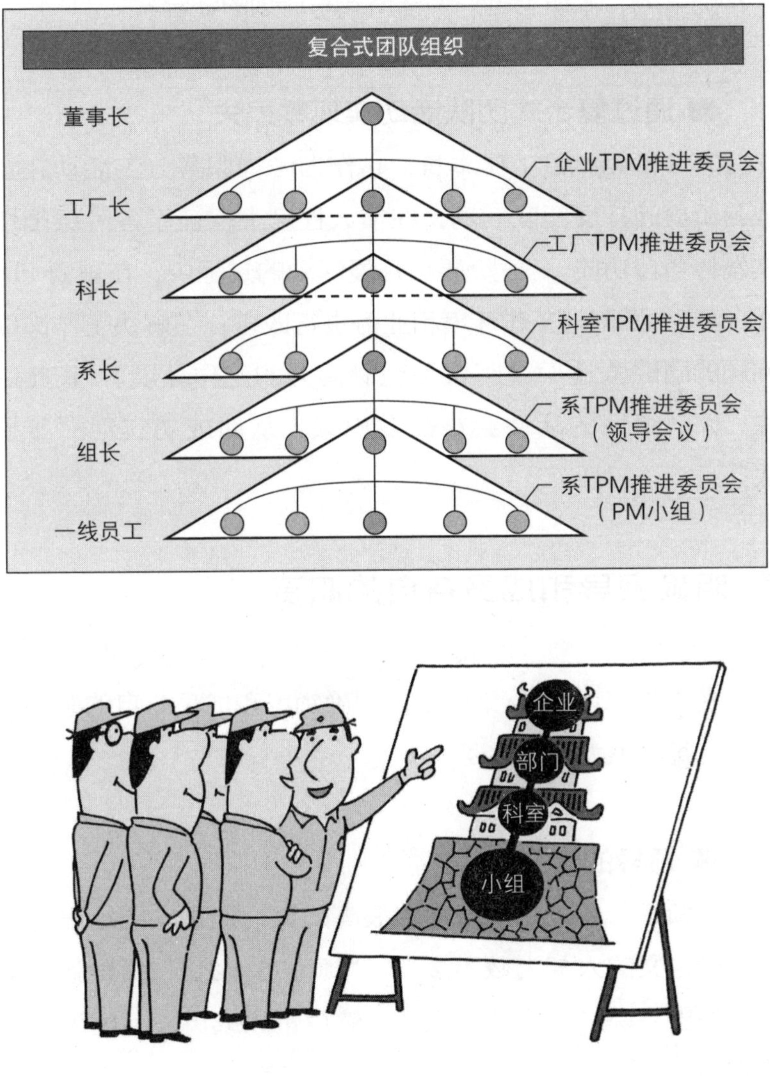

图2-10　复合式团队组织

下沟通顺畅，本质上是一种全员参与计划的经营模式。

■ 通过复合式团队活动实现零损失

TPM 活动就是工作本身，它作为一种职务分工活动在企业各阶层间开展团队活动，在很大程度上保证了各阶层能切实发挥各自功能。 各阶层在开展活动的过程中，在重复 PDCA 循环的同时对工作环境和业务进行改善；在解决工作岗位问题的同时营造一个明快和充满活力的工作环境。 长此以往，团队组织的活性会被激发出来，从而成功实现“零损失”。

7. 明确领导和成员各自的职责

在 TPM 小组等小集团中，明确领导和成员各自的职责、增强全员凝聚力非常重要。

■ 领导的定义

“领导”是一个使用频率很高的词，但是，能给出这个词准确定义的人却为数不多。 “领导是什么？ 领导就是第一个站出来说‘我要做什么’，然后带领成员一起朝该目标努力的人。”

这里所说的领导，是指企业一线团队的领导。 企业一线团队的领导一般由职务分工后的编制人员担任，也有通过组内表决决定人选的情况。作为一线团队的负责人，他必须明确本组的方针目标，在遵循企业总方针的基础上带领团队朝正确的方向努力。

■ 尊重每一个成员

团队中的每个成员在性别、经验、年龄、专业、道德观等方面都存在差异，所谓“百人百性”。要使这些人形成一个有凝聚力的团队，领导的个人能力至关重要。所以，小集团领导在发挥个人领导能力的同时，应尊重每一个成员，让“TPM 就是工作”的思想渗透到每一个人的心中。

图2-11 领导的职责

■ 团队的每个人都是主角

在团队活动中，团队全员应本着“互助互补”的精神，最大限度发挥团队力量。如果其中有人抱有“就算我不干，也有人帮我干”的想法，团队的士气一定会大打折扣。

团队中的每个人都是主角。能在第一时间发现设备温度异常、设备震动等故障的细微征兆的人只有我们自己。作为团队的一分子，我们不仅要遵守操作规程、履行个人职责，还应积极加入擅长领域，只有这样，才能提升团队的集体智慧。

8. 自己的设备自己维护

“我是从事生产的人，修理是你的事”，采用这样的分工合作，设备故障就永远不会停止。作业人员应该具备“自己的设备自己维护”的能力，向零故障发起挑战！

■ 自主维护，挑战零故障！

在那些没有开展自主维护的工作岗位中，一线作业人员很难发现异常，而且因为没有对异常进行正确处理，设备故障和缺陷频发；设备故障和缺陷频发导致生产效率低下，非常态化操作次数增加；严重时还会引发灾害事故。你所在的工作岗位存在这种对点检或注油不足引发的故障不加处理的现象吗？

图2-12　操作人员的四项必备能力

图2-13　个人意识革新

自主维护是以“自己的设备自己维护”为目的，由作业人员对设备进行日常自主点检、润滑、更换零部件、修理、异常早期发现等工作。 进行这些工作时，要求作业人员在具备生产能力的基础上实施设备保养，具体包括以下4项技能。

① 发现异常的能力……能够发现异常

② 处理和复原能力……能针对异常采取正确迅速的处理措施

③ 条件设定能力……能将正常和异常的判断基准定量化

④ 维护管理能力……遵守管理制度

■ 防患于未然

“设备发生故障是因为维护部门的人方法不对，和我们没关系。”如果有人抱有这样的想法，设备故障就永远不会停止。

如果不能做到“自己的设备自己维护”，我们的工作不但不会轻松，而且可能对企业效益带来严重影响。 员工工作轻松，企业也能盈利——其实这也是在守护我们自己的生活。 那么具体要求员工做些什么呢？ 答案很简单。 运用四项能力“从容易遵守进行改善”。

9. 做一个自律的操作人员

操作人员除了掌握必备的四项能力外，还要具备实践改善活动的三项能力。具备这七项能力是一个自律的操作者追求的终极目标。

■ 四项能力

在前面第 8 节阐述由企业一线员工自主维护管理工作岗位的能力中列举了“①发现异常的能力，② 处理和复原能力，③条件设定能力，④ 维护管理能力”四项能力。这四项能力是成为一名对精通设备的作业人员的必要要件。

■ 改善和维护管理能力

作为企业一线员工，具备上述四项能力是必需的，在此基础上还应补充一种能力——改善管理能力。

具体来说，所谓改善管理能力，是依据理论知识追溯要因的“要因分析能力”，以及在真正的原因部位入手的“实施改善的能力”。其次，维护管理能力还可以进一步细分为：使条件易于遵守的“条件改善能力”和确定规则的“条件管理能力”这两种。

接下来，具备以上七项能力是一个自律的操作人员追求的终极目标，也就是成为一个熟悉设备运行原理和操作规程，能正确操作和进行作业的“精通设备的人”。

■ 运用七项能力

下表中列出七项能力的基本内容，表中不但揭示出发挥

表 2-1　操作人员必备的七项能力

必备能力	内　容
❶发现异常的能力	·发现设备故障、缺陷等异常并不难，但找出背后的原因很难。虽然很难，但掌握这种发现原因方面异常的能力对操作人员来说必不可少。
❷处理和复原能力	·针对找出原因的异常，在设备故障和缺陷发生前使之恢复正常运转的能力。 ·做出无法自行使设备恢复正常运转的判断时，迅速联系上级或相关部门进行处理的能力。
❸要因分析能力	·在理解原理原则的基础上，根据作用机理追溯要因的能力 = PM 分析有效。 ·针对找到的各种要因，以判断正常或异常为目的探讨其应有状态（基准值）的能力 = 品质工程有效。
❹实施改善能力	·理解对发现的缺陷进行改善的 4 原则，在接近问题发生源的部位采取措施应对的能力 = 与困难部位对策相对的发生源对策。
❺条件设定能力	·为维持改善效果，在量化判断基准的基础上，探讨与品质特性相关的能力。这时，从理论角度出发探讨设备的功能、结构与品质特性之间的关系是关键。
❻条件改善能力	·为贯彻落实决策，针对“不易遵守”、“不能遵守”等问题，以“延长周期，短期遵守，少量决策”为目的进行改善的能力。
❼条件管理能力	·为保持现状，在认真贯彻落实决策的同时，以确认操作规程的遵守情况为目的制定规则的能力。

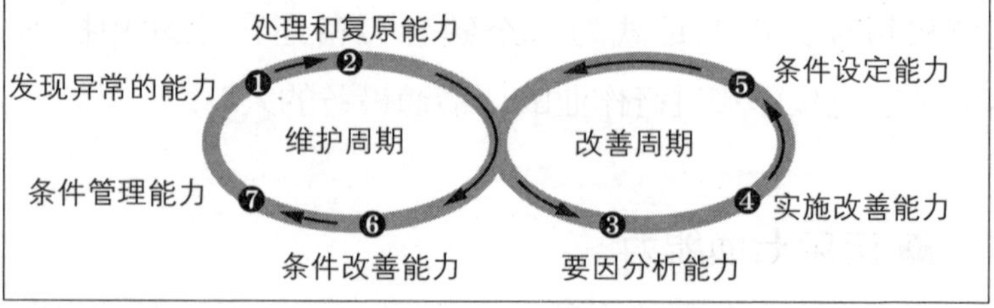

这七项能力的维护和改善周期，还阐述了怎样提升作为该周期基础的七项能力的基本设想。

对企业管理层来说，在“追求七项能力”的基础上，明确各部门、各阶层追求的具体能力要件非常重要。 企业可以考虑采取分步实施，构建持续提升的教育培训系统。 其结果与员工自主管理岗位的实现相关。

10. 避免纸上空谈，应从现场入手（推荐三现主义）

作为企业一线员工主动思考“为什么”非常重要，但是，只停留在思考阶段什么问题也得不到解决。 那么，就让我们从“三现主义”开始探究事物的本质！

■ 抓住事物的本质！

设备故障和缺陷的背后必然存在原因。 此时，如果作业人员不赶到异常发生的工序（事发现场），不确认异常发生的部位（现物），不亲眼观察异常发生的现象（现状），即不实践“三现主义”，就无法找到导致异常现象发生的正确原因并做出判断。 所谓“三现主义”，是一种重视“现场、现物、现状”的思考方法。 有观点认为：如果不奉行“三现主义”就无法抓住事物的本质。 例如：某生产现场突发异常，负责人仅仅根据听到的消息做出判断。 在这种情况下，解决事情不能只停留在空头理论，一定要充分确认事实！

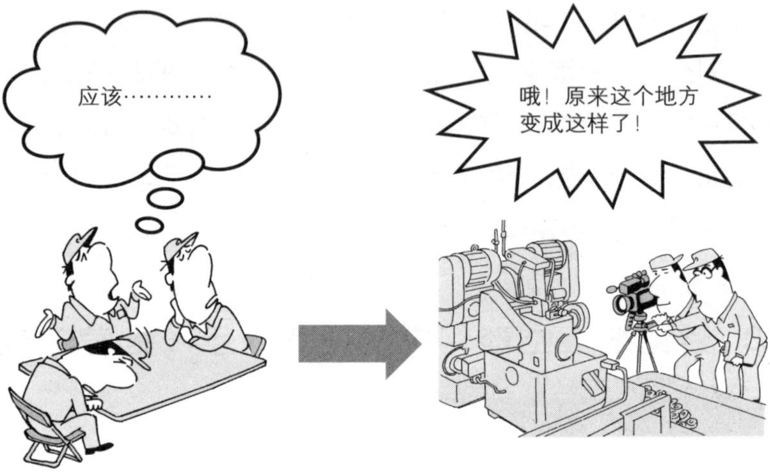

图2–14　抓住本质

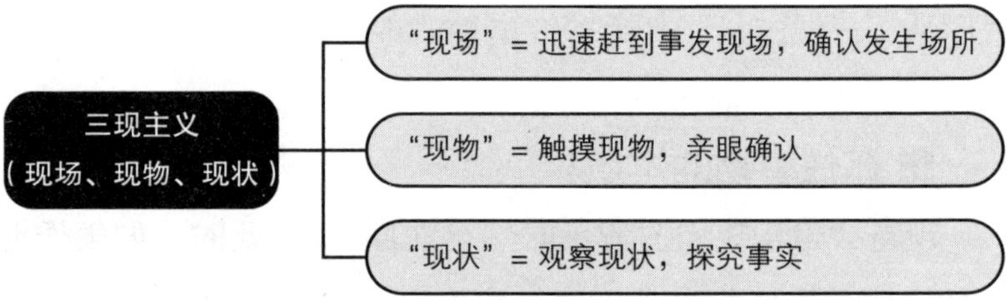

图2–15　三现主义

负责人经常会对作业人员下达错误的指示。举一个身边的例子：某日，车间的空调突然停运。这时，相关责任人看也不看就慌忙联系维修科的人：“我们这儿的空调坏了，请速来修理！”没过多久，维修人员赶到。经过一番检查，结果发现不是遥控器里的电池没电，就是空调的电源线没有插紧。虽然这是个极端例子，但你所在的工作场所是否发生过类似事件呢？

■ 思考之前先行动！

不要纸上谈兵，应立即从实际行动入手。三现主义是什么？这是以采取正确行动为目的的操作步骤（参见图 2 - 15）。

①迅速赶到事发现场

②亲眼确认问题的发生源

③对比现象（现状）和应有状态之间的差别。

通过这些措施，或许你就能轻易发现设备或事物的本质。

11. 清扫就是点检——理解设备结构的第一步

清扫，就是在排除因污损引发的设备疲劳的同时发现异常，通过对发现的异常进行复原和改善，加深对所使用设备的了解。

■ 通过清扫发现不正常现象！

“清扫”绝不仅仅是使设备干净而已，而是通过触摸设备上的每一处角落，彻底排除设备的旋转部位以及滑动部位

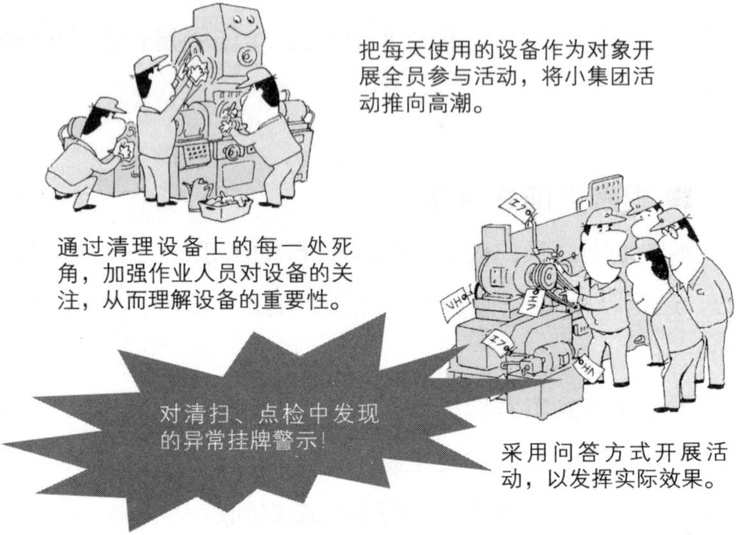

图2-16　通过清扫发现异常

在清扫中点检	通过点检发现异常	复原并改善异常
★使清扫工作简单化 ↓ 不要等脏了再清扫，应在避免污染上下功夫 ・发生源对策 ・清扫困难位置对策 ・把污染的发生控制在最小限度 ・分区清扫 ・职责分担	★运用五感清扫 ↓ 培养发现异常的能力 ・有无泄漏、污渍 ・有无震动、发热 ・有无异味 ・声音是否异常 ・味觉怎么样	★针对原因采取措施 ↓ 培养排查异常原因的能力和处理能力 ・三现主义 ・原理原则 ・针对原因采取措施 ・制动化 ・横向展开

图2-17　清扫是复原和改善的过程

等处的垃圾、污渍等问题。这可以促进作业人员运用五感（视觉、触觉、听觉、嗅觉、味觉）发现最细微的异常现象。

这种发现设备异常的过程被称为“挂签活动”，使设备恢复正常的过程则被称为“摘签活动”。关于“挂签活动”、“摘签活动”的具体内容参见本书第 19 节。通过这些举措，作业人员在加深对设备构造理解的同时，将逐步掌握发现异常的能力。也就是说，清扫、挂牌活动是企业一线员工掌握“自立维护技术”的起跑线。

通过开展清扫、挂签、摘签活动，使一线员工切实体会“通过清扫点检”、“通过点检发现异常”、“对异常进行复原和改善”、“通过复原和改善获得成果”、“通过成果感受成功”的过程。在没有进行正确清扫的工厂里，一线员工对机器设备漠不关心，设备故障和异常现象频发。你所在的工作场所情况怎么样呢？

12. 切断“差错”的发生源——维持设备的正常运转

即使认真清扫，如果对污染、垃圾的发生源不采取对策，一切又会重归原样，所以必须采取发生源对策和困难部位对策。

■ 找出发生源和困难源！

清扫的目的并不是使设备干净，而是通过清扫“发现异常”。此外，不是等设备脏了以后再清扫，而是采取措施避免和防止污染。切断垃圾和污染的发生源；防止飞散；改善清扫、点检、注油的困难部位；在规定时间内确保每个人都能做到简单、正确、安全地清扫、点检、注油。如果做不到，就无法进行设备的维护管理工作。

有一次笔者造访某家工厂，虽然从表面上看该厂车间的主通道整体打扫得干干净净，但还是听到有人抱怨设备故障和缺陷丝毫没有减少。经过一番调查才发现，该厂的清扫工作是委托外部人员做的，对设备主体的清扫、发生源和困难源对策完全空白，所以，企业一线员工对设备漠不关心，更谈不上发现异常。你所在的工作场所存在这种情况吗？

■ 对原因采取措施，而不是对现象

为了使设备保持应有的理想状态，我们必须彻底进行清扫、点检、润滑、紧固等工作，确保设备的基础条件完备。但是，如果这种维护管理既“不容易做”又“耗时”，前景就不容乐观了，因为“不切断发生源，一切努力都是白费”。

改善的根本不是对“脏了以后再清扫的‘现象（结果）’采取措施”。为什么？因为真正需要“采取措施的对象是原因，应防止问题再发”。具体如图 2－18，2－19

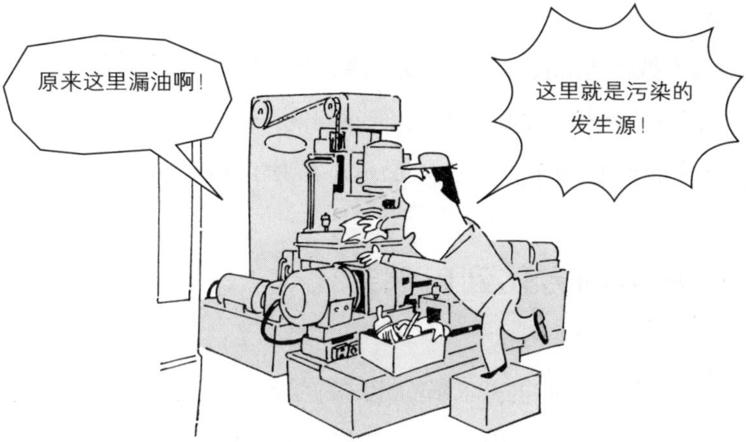

图2-18 找出发生源

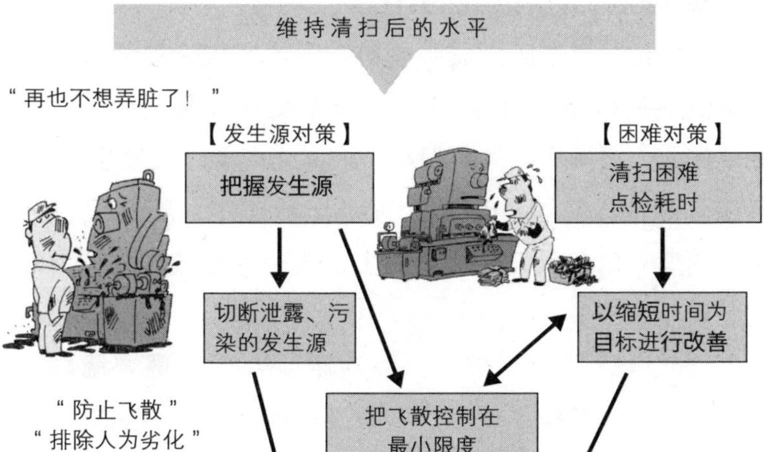

图2-19 对策要点

所示。

① 找出漏油、污染的发生源并改善

② 改善困难部位，缩短作业时间

采取这些措施，作业人员就能轻松进行设备维护了。

13. 从强制劣化到自然劣化

维护设备的方式不同，设备的劣化速度会发生很大变化。使设备延长使用寿命是我们使用设备的人的责任。

■ 强制劣化和自然劣化

“劣化”是指因为紧张疲劳等因素导致设备强度降低和性能低下的现象。假设这种现象发生在设备上会怎么样？即使作业人员操作设备时很小心，劣化现象也会发生。也就是说，即使人工操作正确、设备运转正常，随着设备的使用，物理劣化现象仍会持续发生，这种劣化被称为“自然劣化”。

与“自然劣化”相对，因为作业人员不遵守清扫、加油、使用条件等操作规范，导致设备劣化加速的状态被称为“强制劣化”。例如：作业人员没有按时加油，因设备摩擦抵抗增加导致设备故障发生；设备在超过使用条件的高温、漂浮细微灰尘、尘埃的环境下运行等都会导致设备故障。

图2-20　故障的“始作俑者”

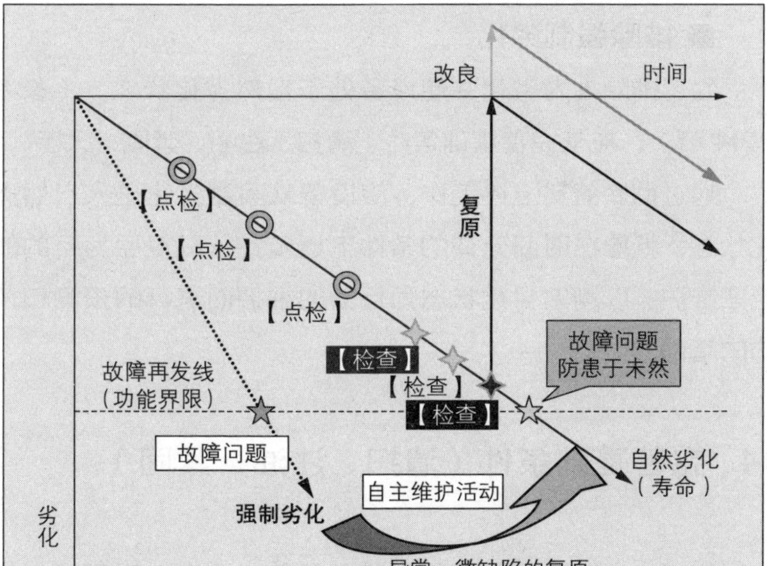

图2-21　防止设备劣化的管理

■ 强制劣化会加速劣化

关于这一点详见图 2－21。 随着时间（横轴）延长，劣化（纵轴）现象持续发生。 即使在自然劣化状态下，受设备疲劳等因素影响，设备的强度劣化同样无法避免。 如果不采取对策任由劣化现象继续，当达到设备功能的极限（线）并超过使用年限时，设备故障就会发生。 当这种情况处于强制劣化状态下，劣化的发展速度会比自然劣化更快，表现也更激烈。 于是，就会发生“不久前我们刚换了一台新设备，现在又出故障了”之类的情形。

■ 排除强制劣化

为了排除人为劣化并使设备处于自然劣化状态，（参考第 14 节），应从完善基础条件（清扫、注油、紧固）入手。

通过彻底落实上述工作，使设备从强制劣化进入自然劣化状态，就能在时间允许的条件下逐步完善以复原为目的的定期维护、以测定劣化状态为目的的维护而进行的预测和预防的基础。

14. 完善基础条件（清扫、注油、紧固）

清扫、注油、紧固被称为基础条件，是维持设备健康状态的基础。 保证点检、清扫、维护工作简单可行的操作规程应该交给一线作业人员自己制定。

■ 通过清扫为设备减负

在不及时清扫垃圾、污染、飞散物等的状态下运行设备必然增加设备的负荷，导致设备的运转速度降低，发生损失和能源损耗。 此外，产品中混有异物也会导致加工过程的缺陷损失。 针对垃圾、污染等采取对策时按如下顺序进行最有效：第一，组织相关人员围绕确定发生源、切断问题源展开讨论；第二，思考防止飞散的“局部覆盖”等方法；第三，思考有无简单可行的清扫方法。

■ 通过注油防止烧接、破损

在因高温、超负荷引发的设备烧接、破损等问题中，润滑油污染和注油不足是多发原因之一。 另外，注油过多、漏油是混入异物和污染的发生源。 建议一线作业人员针对注适合的油、注适量的油、统一注油部位及简易自动注油方式展开讨论。

■ 通过紧固防止精准度低下

螺丝、螺栓松动与定位精度降低、短暂停机以及零件脱落、破损有关。 导致螺丝松动的原因主要是拧得不紧、受热变形、震动等。 究查这些原因并采取措施是紧固的本来的目的。 举个例子，若导致螺丝松动的原因是震动，那么，就应该选择一种能够耐受震动的锁螺丝的正确方法。

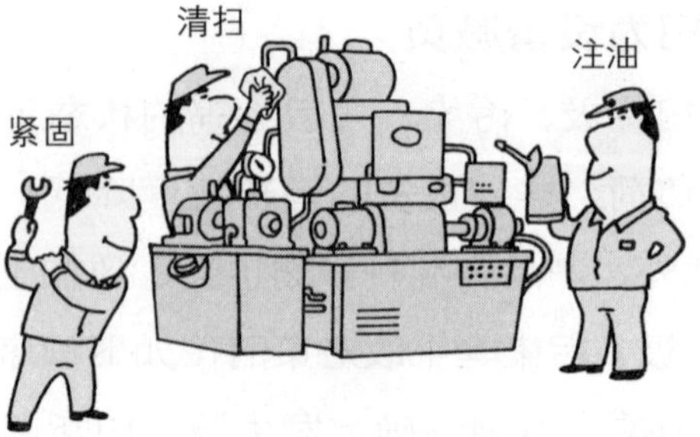

图2-22　通过落实基础条件防止人为劣化

为确保清扫、注油、紧固在短时间内切实可行，应该由作业人员自主制定操作规程。

◎制作要点

・位置明确　・方法明确　・基准明确　・异常处理方法明确

・周期明确　・设定目标时间

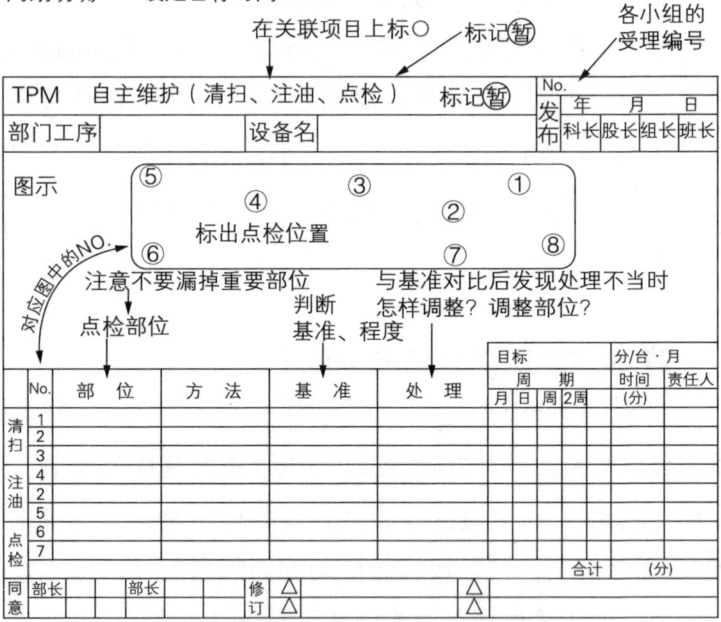

※自主维护时制作的临时基准格式的例表

图2-23　由作业人员自主制定操作规程

■ 构建遵守基础条件的机制

清扫、注油、紧固是防止设备发生强制劣化的重要基础条件。如果不遵守这个条件，就会引发设备的故障和问题。在 TPM 自主维护中，由一线作业人员在进行点检的同时，自主制定完善的基础条件的基准和操作规程，建立设备维护管理和防止设备故障的体制。

15. 检查设备的“健康情况”，以“应有状态”为目标

与人类接受健康体检一样，设备也需要进行点检，根据点检结果完善基础条件（清扫、注油、紧固），通过定期整顿、维修等使之恢复正常。

■ 明确设备“应有的状态”

设备“应有的状态”是什么？这是设备的功能、性能等发挥并维持在最佳状态的条件。这个条件分为必要条件（必须有，否则设备无法运转）和充分条件（最好有，否则设备性能无法发挥）。一般情况下，作业人员只把注意力放在必要条件上而忽视充分条件。出现这种情况的背景是：认为设备能运转就行。

但是，为追求更高的加工精准度，完善充分条件不仅必要还不可少。必要条件和充分条件完善时，不仅能充分发挥

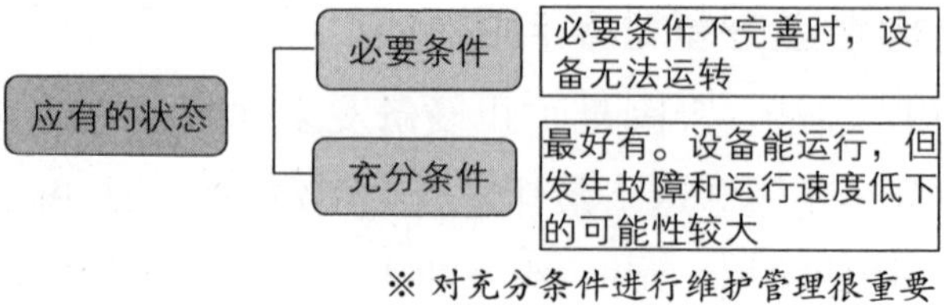

图2-24　应有状态

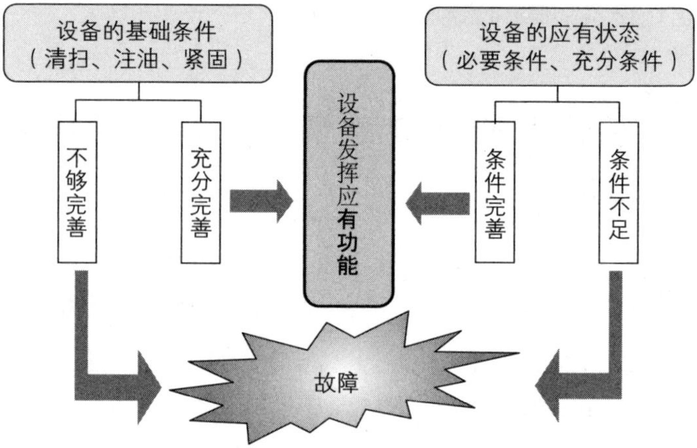

图2-25　故障该发生的时候一定会发生

$$\text{MTBF} = \frac{\text{累计工作时间}}{\text{累计故障停止次数}}$$

$$\text{故障强度率} = \frac{\text{累计工作时间}}{\text{累计故障停止次数}} \times 100\%$$

$$\text{MTTR} = \frac{\text{累计故障停止时间}}{\text{累计故障停止次数}}$$

$$\text{故障度数率} = \frac{\text{累计停止次数}}{\text{累计负荷时间}} \times 100\%$$

（负荷时间＝全部运作时间+停止时间）

设备可用度评价指标（Availability）

$$\text{Availability} = \frac{\text{MTBF}}{(\text{MTBF} + \text{MTTR})}$$

图2-26　故障的健全度

设备的设计功能，还能杜绝浪费、提高效率、产出值得信赖的高性能产品。反之，当这些条件不完善时，设备故障、短暂停机，甚至会影响产品品质，生产效率也上不去。在这种情况下，（参照本书第 29 节）使设备恢复初始的正常状态非常重要。当加快生产速度时，如果缺陷、设备故障突然增加，生产速度始终上不去，就说明在现有运行速度下，设备的精准度、条件、品质等存在异常，只是还没有表现出来。

■ 掌握设备的现状

设备发生故障是因为必要条件和充分条件不够完善，所以，设备能否在有需要的时候稳定充分地发挥功能，提高设备的可用度是必要的。首先，作业人员应从掌握影响设备可用度的数据入手，运用 MTBF（平均故障间隔时间）和 MTTR（平均修复时间）、故障强度率、故障度数率等对设备的运行状态进行评估（参见图 2－26）。

16. 分步实施，推动人员和设备的体制改善

分步进行自主维护活动的目的不仅是解决和改善现场存在的问题，还具有通过持续开展活动，“培养对设备专精的人”的特征。

■ 开展自主维护步骤的重要性

“自主维护”是追求生产系统效率最大化，由实际操作

设备的我们（生产一线作业人员）自主进行清扫、润滑、紧固、点检等日常维护活动。在排除设备人为劣化的同时，通过彻底排除影响生产效率的设备故障、短暂停机、缺陷等现场改善活动，使设备恢复至“应有的理想状态”并继续维护和改善。与此同时，我们自己也能成长为“精通设备的人”。

若想成为一个精通设备（工作能力强）的作业人员，我们必须熟悉设备的构造、功能，掌握设备维护技术，但这个目标很难在短时间内实现。为了取得切实成效并防止退步，可以分步进行。将自主维护步骤和对设备专精之四个阶段有机地结合起来是 TPM 的重要特征之一。

通过 TPM 活动的自主维护步骤改善设备体质，使设备恢复至“应有的状态”，从而大幅提升生产系统效率，同时我们也将深刻体会到自主维护的成效，不用上级刻意强调，也积极主动地进行“自主维护”。

如上所示，“人员改善和设备体质改善”同步进行就是展开自主维护的步骤。

■ 自主维护 7 步骤

把自主维护作为人成长的阶段展开是 TPM 的特色。一般情况下，TPM 按下表所示的 7 个步骤展开。该表是以加工装配业为例的自主维护示意图，装备业及食品业等分别根据其产业和工序特点另行设计。

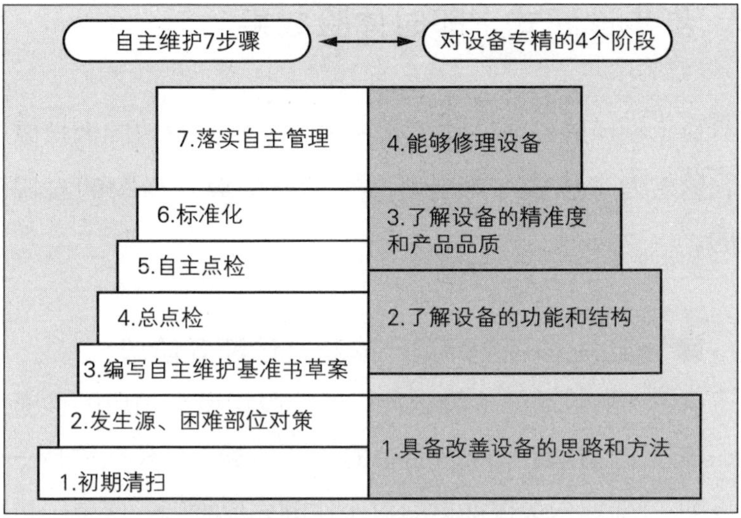

图2-27　对设备精通的4个操作阶段和自主维护7步骤

表2-2　自主维护7步骤示例（加工装配）

步骤	名称	活动内容
第1步	初期清扫	以设备本体为中心彻底清除垃圾、污渍和按时注油、紧固;寻找设备缺陷并使之复原
第2步	发生源、困难部位对策	树立垃圾、污渍等发生源对策；防止粉尘飞散；改善清扫、注油困难部位，使清扫、注油的时间缩短
第3步	编写自主维护基准书草案	制定在短时间内确保完成清扫、注油、紧固的作业基准（必须拟定能在日常作业和一定期间内使用的时间表）
第4步	总点检	按总点检科目上列出的点检技能培训和总点检法发现设备中存在的微缺陷并复原
第5步	自主点检	编写自主点检表，依据该基准实施
第6步	标准化	各类现场管理项目标准化，使维护管理完全系统化 ・清扫・注油点检基准 ・现场物流基准 ・数据记录标准化 ・模具夹具管理基准等
第7步	落实自主管理	切实依据企业方针、目标的展开，把改善工作纳入常态化管理。切实执行 MTBF 分析记录，解析后进行设备改善

17. 步步诊断式，即时体验成果

自主维护是一项长期工作，各阶段均设有不同的诊断系统，这是为了让参与者全员分享诊断结果合格时的喜悦而设的。

■ 从自主诊断到 TOP 诊断之诊断 3 阶段

自主维护活动分阶段进行，各阶段均设有相应的诊断系统，该系统是按自主维护活动的预期目标——长期维持——而设的。作业人员根据诊断对工作的完成状态、成果等进行确认，并与全员一起分享成就感。

如下图所示，各步骤的诊断活动分 3 个阶段实施。

① 自主诊断……全员独立进行自我诊断。

② 科长诊断……达到自主诊断的合格标准时，交由科长诊断。

③ TOP 诊断……科长诊断合格时，最后交给企业高层诊断。

进行诊断时，各步骤分别使用不同的诊断表。诊断表上明确记录各步骤的目的、“应分担的工作”、实施要点及相关标准。

相关人员根据诊断结果，对各人负责设备、负责区域的自主维护活动进行评价。没有达到预期成绩时，诊断结果“不合格”；诊断结果合格时，则进入下一阶段。

表2-3 诊断流程（例）

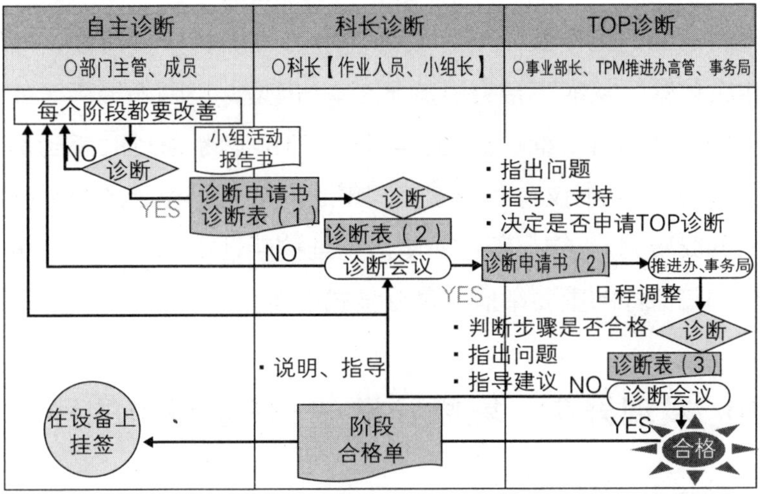

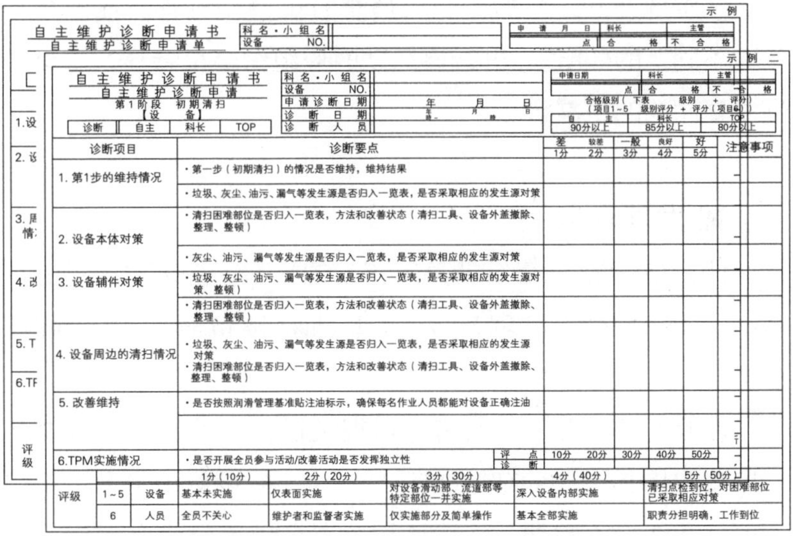

示例

自主维护诊断申请书
自主维护诊断申请单

科名·小组名	
设备 NO.	

申请月日	科长	主管
点	合格	不合格

示例二

自主维护诊断申请书
自主维护诊断申请
第1阶段 初期清扫
【设备】

诊断	自主	科长	TOP

科名·小组名	
设备 NO.	
申请诊断日期	年 月 日
诊断日期	年 月 日
诊断人员	

申请日期	科长	主管
点	合格	不合格

合格级别（下表 级别 + 评分）
（项目1~5 级别评分 + 评分（项目6））

自主	科长	TOP
90分以上	85分以上	80分以上

诊断项目	诊断要点	差 1分	较差 2分	一般 3分	良好 4分	好 5分	注意事项
1. 第1步的维持情况	·第一步（初期清扫）的情况是否维持，维持结果						
	·垃圾、灰尘、油污、漏气等发生源是否归入一览表，是否采取相应的发生源对策						
2. 设备本体对策	·清扫困难部位是否归入一览表，方法和改善状态（清扫工具、设备外盖撤除、整理、整顿）						
	·灰尘、油污、漏气等发生源是否归入一览表，是否采取相应的发生源对策						
3. 设备辅件对策	·垃圾、灰尘、油污、漏气等发生源是否归入一览表，是否采取相应的发生源对策、整顿）						
	·清扫困难部位是否归入一览表，方法和改善状态（清扫工具、设备外盖撤除、整理、整顿）						
4. 设备周边的清扫情况	·垃圾、灰尘、油污、漏气等发生源是否归入一览表，是否采取相应的发生源对策 ·清扫困难部位是否归入一览表，方法和改善状态（清扫工具、设备外盖撤除、整理、整顿）						
5. 改善维持	·是否按照润滑管理基准贴注油标示，确保每名作业人员都能对设备正确注油						
6.TPM实施情况	·是否开展全员参与活动/改善活动是否发挥独立性 评点/诊断	10分	20分	30分	40分	50分	

			1分（10分）	2分（20分）	3分（30分）	4分（40分）	5分（50分）
评级	1~5	设备	基本未实施	仅表面实施	对设备滑动部、流道部等特定部位一并实施	深入设备内部实施	清扫点检到位，对困难部位已采取相应对策
	6	人员	全员不关心	维护者和监督者实施	仅实施部分及简单操作	基本全部实施	职责分担明确，工作到位

图2-28 自主维护诊断单（例）

■ 体验诊断结果合格的喜悦

在自主维护第一阶段的初期清扫过程中，作业人员与还没有适应的工作及顽渍污垢的斗争的过程将一直持续，同时也会体验到从前不曾有过的辛苦。但是，正因为经历了如此辛苦严格的自主维护活动，才能在TOP诊断通过时感到格外的喜悦。这不仅有助于增强同事之间的连带感，还将增强团队的凝聚力。综上所述，使自主维护活动充满乐趣，避免一切回归原样的重要举措就是分步式诊断。

18. 发现异常，复原异常——注意设备的异常

“发现异常”是指作业人员全方位调动五感，找出“与平时不同”的处所。进行该活动时应组织全员参与，使设备恢复至原始的正常状态。

■ 发现异常

什么是异常？异常就是不正常的状态，不是“应有的状态”。怎样才能发现异常？下面以设备异常为例进行分析。

作业人员发现异常时有一点很关键，这就是把握与设备“应有的状态”之间的细微差异。与支持设备正常运转和结构成立的理论（原理）、运转和装置在满负荷状态下运行的规则（原则）之间的差异就是异常。如果作业人员能充分调

运用五感发现异常

触觉……手，视觉……眼，听觉……耳，嗅觉……鼻　等

→ 设备运转时　　※ 挂牌参照第19节

① 在外观处标记 ② 对运转状态标记	·异常音、发热、震动 ·暂短停机、速度慢 ·空转、缺陷 ·压力、温度、旋转

→ 设备停止时

① 在外观处标记 ② 清扫后标记 ③ 拆卸后标记 ④ 对拆卸的物品清扫后标记	·整理、整顿、清扫 ·泄漏、破损、磨损 ·变形、松动等

【异常判断标准=与正常状态之间的差异=是不是应有的状态】

图2-29　发现异常的方法

动五感，就能敏锐地捕捉这种差异。通过亲眼观察，亲手触摸，感知设备的磨损、破损、震动、发热……就能发现设备中存在的异常音和异常现象等。

对发现的异常一时拿不准时，作业人员可以与对象设备的“应有状态”对比并做出判断。此外，即使不知道设备“应有的状态”是什么，如果“总觉得什么地方不对劲儿”，就可以确定为异常，因为人的直觉也很重要。

■ 全员参与，找出异常

如上所述，发现异常的活动必须组织全员参与，而不是一部分人参加。只有全员参与，才能取得实质性的效果。为什么？因为不参加活动的人没有机会看到异常，结果只有

那个人当值的班上发生设备故障和缺陷。

表2-4　异常例

项目	异常	具体异常项目
1. 微缺陷	污染 裂缝 走样 松动 附着 其他异常	灰尘、垃圾、粉尘、油污、锈蚀、涂料 龟裂、破裂、变形、缺损、弯曲 摆动、脱落、倾斜、重心偏离、损失、变形、腐蚀 螺栓螺母、量规、外盖、皮带、链条 堵塞、黏着、堆积、脱落、运转缺陷 异常音、发热、震动、异味、变色、压力、电流
2. 基本条件	清扫 润滑 紧固	油污、灰尘、垃圾、刻度尺、漏油 注油不足、润滑油种类、注油量；注油口污浊、堵塞、破损、变形、配管破裂、润滑油保存状态、润滑设备缺陷 污浊、破损、漏油、油量计标示缺陷 螺栓螺母：松动、脱落、错位、太长、挤压、腐蚀、垫圈不当、螺栓方向、W螺栓倒置
3. 困难部位	清扫 点检 注油 紧固 操作 调节	机器构造、外盖、配置、台架、场所 外盖、结构、配置、仪器位置、方向、正确标示 注油口位置、结构、高度、台架、废油口、场所 外盖、结构、配置、尺寸、台架、场所 机器配置、阀门种类、开关、操纵杆位置、台架 压力计、温度计、流量计、水分计、真空计等位置不良
4. 发生源	产品 原料 油 气体 液体 加工 其他	遗漏、泄露、喷溅、飞散、溢出 遗漏、泄露、喷溅、飞散、溢出 润滑油、运行油、加工油、燃料油的漏油、冒出、外渗 空气、天然气、蒸汽、排气等漏气、飞散 水、温水、冷却水、排水，循环液体漏出、冒出、外渗 毛刺、切割屑、包装材料、焊渣、火花、烟、下脚料、粘着剂、涂料、油、光、研磨粉、缺陷品等 人员、叉车等带入，从建筑物的缝隙进入
5. 其他异常和疑问	其他异常 疑问	不安全部位和环境异常等1～4项以外外的情况 活动过程中的存疑点“难以判断是正常，还是异常的处所”

■ 将异常恢复到原来的正常状态

将发现的异常根据相应的原理和原则恢复到原本正常的状态（复原）很重要。 但是，若只是恢复到正常状态，异常也有可能会再次发生。 让我们为了能够早期发现异常采用眼观等管理方式，在维护方面多努力吧。

19. 挂签、摘签——发现设备和工作中的异常!

排查异常现象时，签是一种行之有效的工具。通过开展挂签、摘签活动，使发现的异常可视化后再处理。

■ 挂签、摘签是什么?

挂签（标牌）是以提醒作业人员不要忘记异常处所、异常位置和处理内容为目的，或以防止作业人员忘记处理异常为目的，在安全警示签上填写异常发现日期、发现人、异常等相关内容，并挂在异常部位的活动。换句话说，发现异常的过程被称为“挂签”。

与此相对，“摘签”是对异常部位进行处理，使之恢复至正常状态后，使异常状态解除的意思。这项活动被称为“摘签”。参照图2-30，安全警示签大体上分为“白签”和“红签”两种。“白签”表示操作人员能自行处理；“红签”表示委托维修等其他部门处理。警示签的颜色不同，表示由不同人员负责处理。

■ 警示签是使异常可视化的工具和教育工具

警示签用于提示作业人员——“这里有异常，请尽快处理!”换句话说，警示签是异常现象的“可视化管理”工具，它承担着让异常“可视化”的作用。另外，它还是教育

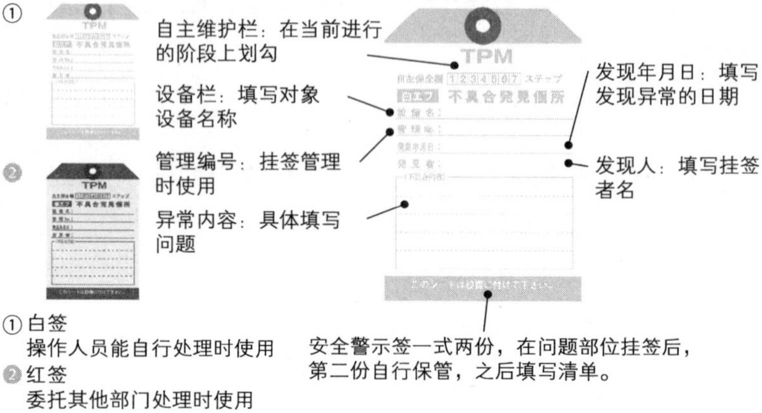

图2-30　安全警示签的种类和使用方法

（1）安全面：找出工作岗位的不安全处所

（2）设备面：①找出设备的异常现象
②在设备的异常部位上做标记，
培养作业人员发现异常的能力

（3）5S面：在没有遵守整理、整顿、清扫、清洁、素养的部位标记

（4）作业面：找出操作困难、费力的部分

（5）品质面：不遵守会导致品质缺陷的环节

图2-31　挂签的异常现象（示例）

员工的工具。当一个TPM活动小组的成员看到另一个小组挂的安全警示签时，通常会提醒自己避免再犯如“原来这种情况也属于异常”、“还要留意这个部位”、“还有这种方法”等同样的错误。那么，应该挂签的异常具体有哪些地方呢？这个问题关系到工作场所的方方面面，比如安全、设备点检、5S、具体操作等。

■ 警示签挂到什么时候？

对工作场所和设备中存在的异常进行挂签和摘签活动不能做过一次后就再也不管了。发现异常时挂签，解决处理后摘签。作业人员应该根据自主维护步骤，改变思路，直到问题的成因——微缺陷——消除为止，这就需要坚持不懈地开展维护活动。

20. 对“看不见的异常”也要挂签

挂牌时如果只标记“看得见的异常”，设备故障和品质缺陷就永远不会消除。对看不见的异常也要挂牌。

■ 只对可视化的异常挂牌吗？

TPM活动是从提前准备设备和确认周边的安全情况开始的。从第一步——初期清扫（参见附录）——开始，挂签、摘签活动正式启动。

随着摘签活动的进行，异常现象逐步减少。

但是，这时就得出“如果按目前的状态发展下去，就能接近设备应有的状态”的结论还为时太早。“看不见的异常”依然存在，这一点你认识到了吗？实际上，那些潜在的、不可视的异常才是真正的“问题”发生源。

■ 不可视的异常是什么？

摘签活动结束后，设备故障居高不下。原因是工作流于表面，只在可视的异常上下工夫。举个例子：V 型皮带因磨损重新更换。但是，如果皮带并未达到使用寿命就发生磨损，说明这个现象的背后必然存在导致磨损的原因。这就是“看不见的异常”，它被称为“潜在缺陷”。

■ 对不可视的异常挂签

泄露、污染、磨损、走样、松动这些异常现象的背后都有发生源，另外，还有一些平时作业人员不注意、发现困难的部位。发现这些异常的诀窍分为以下 3 种。

①对看得见的异常挂签

②寻找该异常的发生源

③追究现象背后的原因

例如：图 2－33 是一个关于“扣链松动”的问题。请参考图中的分析法，找出潜在的异常现象。如果对看得见的异让潜在缺陷显现，防设备故障和缺陷发生于未然！！

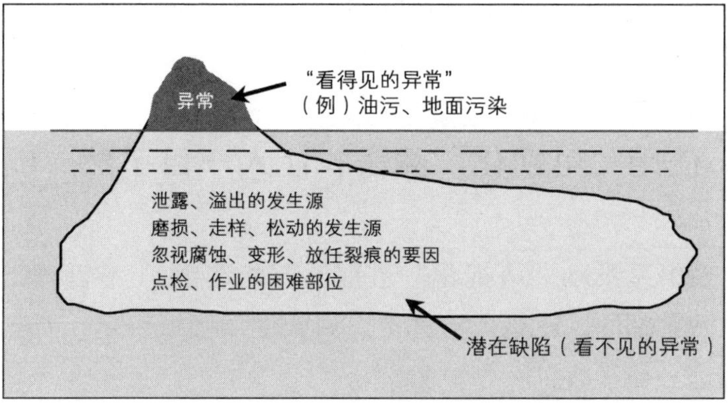

图2-32 零故障、零缺陷的原则

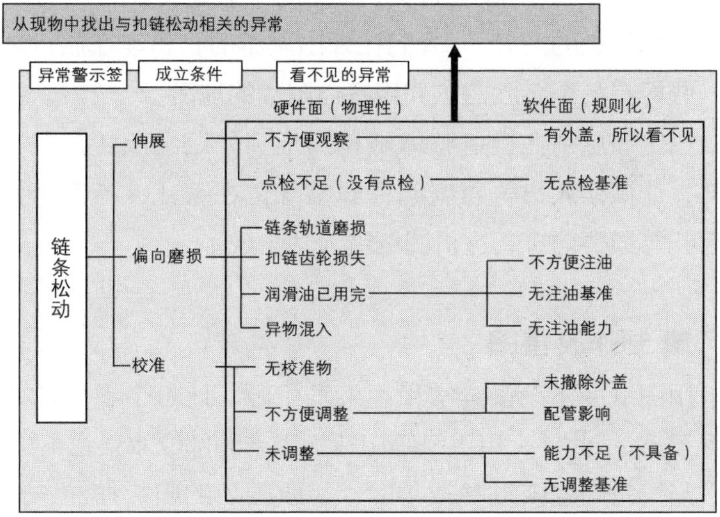

图2-33 发现“看不见的异常”的诀窍

常像“打田鼠”一样处理，设备故障和缺陷就会再发。

对看不见的异常挂签，并与追究真因之间关联，这是实现零故障、零缺陷不可缺少的活动。

21. 使用“可视化”图表，让人一目了然

图纸是推动“可视化”进程的万能选手。 不管异常部位、改善部位，还是点检部位，只要使用图纸表示，看到的人就能一目了然。

■ 图纸是什么?

图纸是什么？ 顾名思义，图纸是一种像地图一样标示什么位置有什么的图表。 人们在外出旅游时，总能在旅行地看到一些标有各个名胜古迹和用餐点照片的地图。

按照该思路在设备整体结构图上另外贴上照片、图表等资料，让操作人员一看就明白异常部位在哪儿、不安全处所在哪儿等重要信息，这份图纸就大功告成了。

■ 制作改善图

用图纸描述设备异常和污染发生源，让每个看到的人都一目了然。 此外，用图纸画出挂签困难的部位效果也不错。

当异常问题恢复并改善时，将改善后的照片摆在一起就制成了一张改善图。 在此基础上，对作业人员碰到的困扰、改善后减负的情况、生产效率提升等资料配以数值，再在旁

边批注具体评论，就可以作为培训资料使用了。

■ 将点检、注油、不安全部位绘制成图

与普通的列表形式不同，这类图纸要求位置信息直观可见。你不妨亲自动手绘制一张图纸，在图上标出日常点检、注油部位等信息，并注明相关操作从设备的什么部位开始，按什么操作顺序进行。要求无论是新入职员工，还是经验丰富的老员工看到该图都能统一操作规范。

另外，如果把车间过去发生的灾害处所、不安全处所等信息一并绘制成图，还能作为安全图用于开展防灾活动。

■ 重叠图纸后的新发现

举个例子，如果把生产线短暂停机示意图和安全图重叠起来看，我们可能会看到几个问题发生部位重叠的情况。这说明发生短暂停机时的复原操作与不安全作业之间存在关联，它们甚至是引发灾害的原因。也就是说，若想减少灾害事故发生，必须采取措施减少短暂停机。

22. 为了减少“失误”

事故发生时，即使作业人员一味地为自己辩解“刚才走神了，刚才有点发懵”，也得不到谅解。所以，怎样让作业人员在走神或发懵之前保持清醒，构建相应的预防机制非常重要。

图2-34　通过图纸使异常可视化

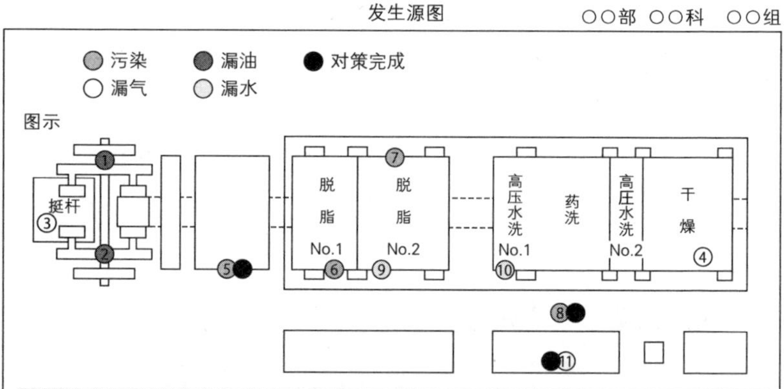

No.	部位	内容
1	供料器	轴承部漏油
2	〃	〃
3	挺杆	气缸部漏气
4	干燥部	喷气括刀配管连接部漏气
5	搬送部	脱脂槽溅出飞沫

No.	部位	内容
6	脱脂槽No.1	液体泄漏导致污染
7	〃	〃
8	通路	注入漏水导致污染
9	脱脂槽No.2	冷却水渗漏
10	高压水洗No.	胶圈漏水

No.	部位	内容
11	注入	配管连接部泄漏
		〃

图2-35　发生源图(例)

■ 每个人都有过失误

人是一种容易发生注意力分散、走神发懵的生物，一个正常人持续保持高度精神紧张的时间最多不超过 15 分钟。长时间从事精神高度紧张的工作时，作业人员会变得很疲劳，超负荷工作还会导致不均衡的发生。

汽车驾驶室的仪表板上设有各种报警装置，比如提示“门没关紧”、“燃油不足”、“没系安全带”等多种防呆装置。

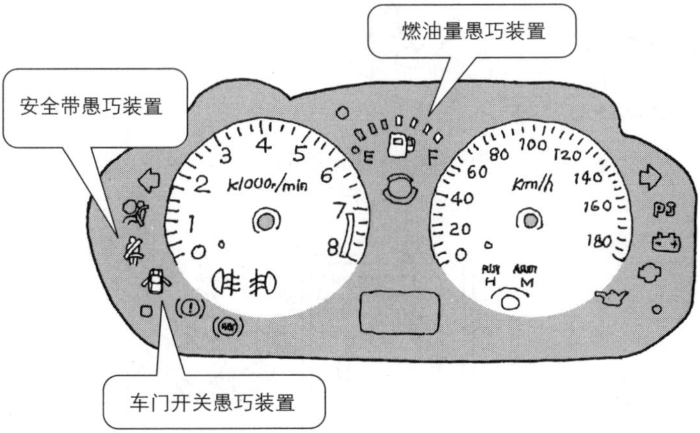

图2–36 身边常见的愚巧案例

尽管这样，如果因为注意力分散产生问题，当客户提出索赔时，你用一句“是人干活就难免出错”来辩解是绝对说不过去的。我们每个人至少都经历过一到两次失误。

这种情况下有一种被称为“愚巧”的装置和方法。当发现零部件组装顺序错误或操作人员忘记安装时，这种“愚巧装置”就会通过蜂鸣音或灯光报警，阻止该工件进入下一道工序。

愚巧装置的结构参见图 2－37 所示。日常生活中也有它们的存在。作业人员可以从中挑选与生产过程匹配的方式或结构，根据实际情况加以改造。

图2–37　愚巧装置的目的

■ 利用现场、现物进行实践

如下所示，实践“愚巧法”时，在现场、现物中思考怎样才能“更便利”、“更快”、“更安全”、“更可靠”地进行作业非常重要。

- 将缺陷、故障的发生部位绘制成图

- 运用 4M 对发生时间进行分层
- 围绕可行方案讨论、立案并实施
- 确认效果，达到预期目的之前重复上述过程

首先，根据作业指示书、作业配置图、设备机械、工具等，对与“愚巧”关联的原因进行解决。 确认以上改善活动的效果，在此基础上构建“愚巧装置”和“即使问题发生，也应避免缺陷流入次工序”的机制。

23. 运用“目视管理”洞悉异常信号

“目视管理”是一种“管理对象物自主判断异常发生，再由异常现象自行促动该发生，并提醒作业人员处理该异常的装置”。

■ “目视管理”是什么

在生产一线确保“异常早发现”非常重要，但是，要求作业人员始终把注意力放在“有无异常？ 哪里异常”上是不可能的。 另一方面，生产现场管理的对象纷繁复杂，如果一直把注意力放在异常上，反而可能忽略异常。

这时的解决方法是“目视管理”。 假设车间里的某台设备突发异常，这时，一种情况是作业人员集中精力寻找问题，直到发现该异常；另一种情况是设备自动发出报警“这里有异常”。 请问上面两种方式哪种更轻松？ 不用说，当

不是让作业人员集中精力发现并找到管理对象物中存在的异常，而是由管理对象物自动发出报警“××处发生异常”，这就是“目视管理”。不必作业人员费力寻找就解决问题的机制是“目视管理”成立要件的重点。举个例子：周日，你站在步行街熙熙攘攘的人群中，这时，结伴出行的朋友从远处向你招手：“嗨，我在这儿。”这样一来，哪怕行人再多，你也能轻易发现对方。

图2–38　“目视管理”的作用

- 判断导致喷涂不良的原因是清洗液不足
- 能安全点检
- 确认补充量
- 注油时水位一满，设备就自动报警

图2–39　利用“目视管理”提高点检效率

然是后一种。对一线作业人员来说，这种相对轻松的工作机制就是“目视管理”。

设备替代人分担一部分工作、这样，作业人员才能在故障发生前彻底处理好异常，才能专心致志地防止故障再发。

这种方法被称为“预防管理”，它是在“目视管理”的基础上实现的管理方法。

■ “目视管理”的实践要点

首先，对管理对象采取“① 完善不明确的部分，使之保持在正常状态”的措施。如果从一开始设备就存在脏乱或整备不良的情况，作业人员就不可能发现异常。

其次，构建“②使异常可视化，明了化，有推动作用的机制”。例如：设备外盖改用透明材料；即使不拆卸也能进行常态化点检；改装不方便目视的点检部位；增设方便视觉直观化的“装置”。

其中，最重要的措施是“③ 掌握切实处理异常的能力”。这一点只有人类能够胜任。使“目视管理”发挥作用的正是我们人类的“能力”。

24. 运用“三件神器”激发活力

激发员工活力的工具有三种神器。下面就让我们一起通过灵活运用活动板、单点课程、会议三种方法来激发员工的活力！

为推动重复团队活动顺利开展，激发员工的活力必不可缺。激发员工活力最有效的工具之一便是自主维护的“三件神器”。

■ 让团队活动一目了然的“活动板”

开展团队活动的指南针是“活动板”。活动小组面临的课题是：接到上级的指示后遵循什么方针；以什么为目标开展活动；体现活动的过程和效果，并在此基础上，下一步与什么行动关联。活动小组应把上述内容作为讨论资料加以灵活运用。

为此，不能只简单地罗列文字，而是采用直观化的方式如图表、插图等进行描述。关于活动过程，可以通过在日报表上记录和确认指标推移情况，确保所记录的内容是最新信息，这一点很重要。

■ 自主开展“单点课程”

在生产现场对一线员工开展培训很难腾出合适的时间，而开展培训又需要复习，所以利用晨会等短暂时间段在日常业务中进行教育是最有效的。我们可以考虑将必备知识、操作要点、改善事例等内容采用一个项目对应一张图表的教材形式进行。

这些图表应该交给一线作业人员自主制作学习，下一步

●活动板

尽量采用图表、插图等直观方式说明！

●单点课程（OPL：One Point Lesson）

●会议

提前筹办会议日程，成员做好思想准备
提前准备，通知会议召开时间等信息……

·召开会议

·说明会议结束时间
·确定各级负责人
·确认会议议题和决策事项
·再次确认各人职责和完成时间
·确定下次会议日期

图2-40　激发员工活力的“三件神器”

再由接受培训的人担任主讲教师授课，这样能加深理解。

■ 汇总小集团成员意见的“会议”

自主维护活动采用小集团方式进行，但是，如果各成员的意见不统一就起不到大的作用。在全员参加的会议上，不是把一个人的意见，而是对全员的讨论意见进行归纳整理，这一点很有必要。另外，还可以在会议上集中解决活动中碰到的疑问或困扰。

25. 使 TPM 活动“可视化”的必不可少的 TPM 活动板

将活动小组面临的课题、活动内容、今后计划等内容写在宣传板上或挂在墙上，使之“可视化”的方式就是 TPM 活动板。TPM 活动板是一种在全员之间共享活动现状、推进方式等信息的工具。

■ 活用 TPM“活动板”

“活动板”作为“三种神器”之一被灵活应用于生产一线全部。“活动板”上记录的项目至少应包括①目的；②目标（定量化）；③亟待探讨、解决的课题；④计划（具体内容）；⑤结果、成果、效果；⑥问题点、反思点；⑦今后的计划和课题等七方面的内容（参见图 2－41）。

(1)小组(小集团)名

(2)成员名单

(免冠照、笔名等)

(3)小组口号

(4)总(工厂、企业)决策方针

- 目的(方向)
- 目标(定量化)
- 方案(手段)

(5)日程安排

- 活动计划

  (目标·谁负责·截止时间)
- 实绩(进度)

(6)户外(结果)记录

· 设备综合效率等

· 自主维护活动等

· 改善实例

(改善前、改善后的照片等)

(7)今后的活动课题(主题)

· 个别改善

· 自主维护

(8)反思点、问题点

(9)OPL(One Point Lesson)

合理化建议数和内容、活动时间

找出异常、挂签等

图2-41 活动板上记录的具体项目

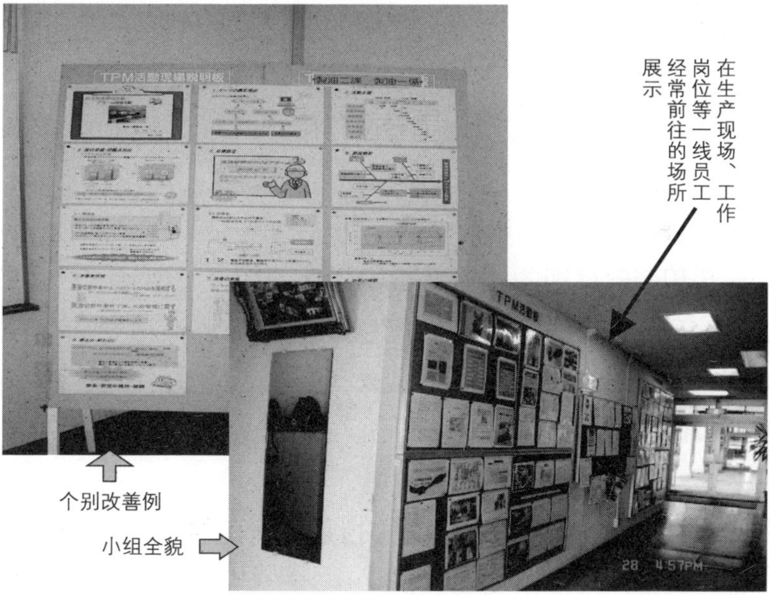

图2-42 活动板示例

“活动板”是遵循上级的决策方针，并为实现该方针，明确“当前任务”、“当前问题”、“怎样解决”等课题的工具。制作“活动板”的要点如下：不管是谁，一看到活动板立刻能明白活动小组当前的课题、活动内容、今后计划等信息。

■ “可视化”是什么？

怎样实现“可视化”？首先要“能经常看到”（能理解）。不能忘记“可视化”的本质（核心）是对人类有益处的初衷。构成“可视化”（管理）的3个成立要件如下：

① 没有不明确的处所（尽量使用定量化描述）

② 可视、明确、有推动作用的机制（明确现在参与的活动）

③ 行为（处理）能力（列出亟待达成的课题、今后的活动）

之后，返回重新修订一遍。

采用形象直观的方法将小组活动的经过、现状、今后的课题等展示出来，让活动小组全员认识理解很重要。设置“活动板”的场所应选择小组成员集中的地方，以确保在召开会议时使用。

26. One Point Lesson 表的真正作用

在 TPM 的特征之一“传达教育”中灵活应用单点课程。

若想把所学的知识教授给他人，我们就必须加强自身学习，加深对知识的理解。

■ 简单明了，一件一页

在 TPM 中，由接受过培训的人员担任讲师向其他小组成员讲授所学的知识，这被称为“传达教育”。在授课过程中所灵活运用的就是单点课程（以下简称 OPL）。OPL 是主讲人把学过的内容简单地分成单个要点，再采用一件一页的形式归纳而成。然后在 5 ~ 10 分钟的短暂时间内使用这些资料面向小组成员授课。

OPL 有以下 3 方面的目的：

①基础知识 = 总结日常生产活动和 TPM 开展过程中必须掌握的知识。

②故障事例 = 在实际发生的品质缺陷、设备故障等问题的基础上，从预防再发的角度出发总结日常工作重点。

③改善事例 = 为了把现场小集团活动过程中发生的改善事例应用到其他地方（横向展开），总结改善思路、对策、效果等内容。

■ 基础是“寓教于学”

OPL 的重点不只是把自己所学的知识简单地传授给他人，而是通过思考，把这些知识置换成所在的工作岗位中的具体事例。另外，为了使授课内容更便于理解，取得更好的

单点课程

课题名	限位开关点检

各部位故障发生件数

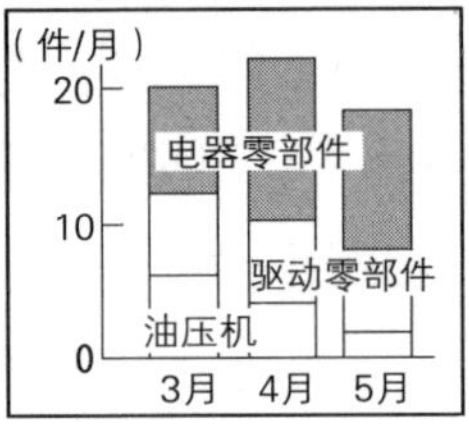

各部位故障发生件数

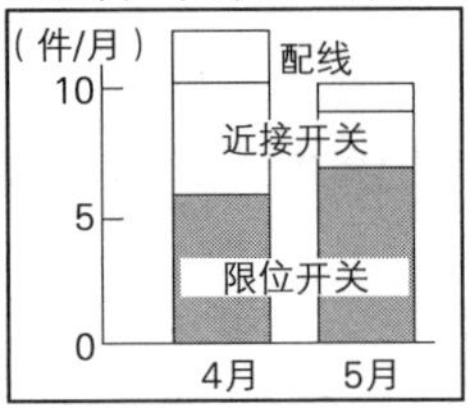

根据最近发生的设备故障显示，由“电器零部件”引发的故障呈增长趋势。其中以限位开关引发的故障最多，因此请进行如下“点检排查”。

【滚轮式撞杆限位开关】

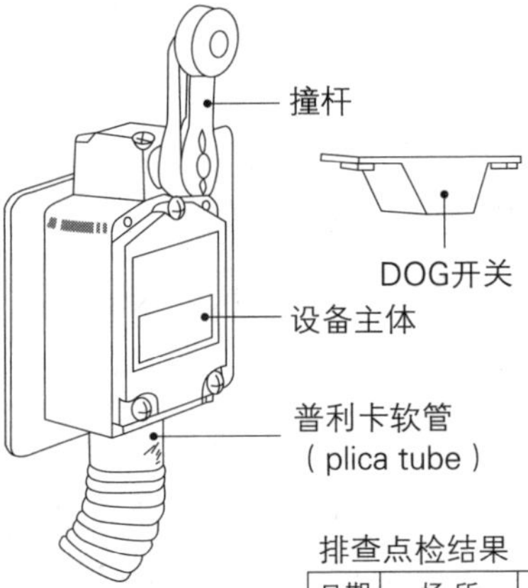

① 是否注入切削油
② 运动部件上是否安装模块
③ 设备主体的固定情况是否良好
④ 撞杆固定情况是否良好，塞入是否过量
⑤ 普利卡软管有无破损，方向是否正常
⑥ DOG开关的固定情况是否良好

排查点检结果

日期	场 所	签名

培训成绩	月 日		（讲师・培训对象）
	姓 名		

职务印	科长	股长	组长

顺序编号		制作人		制作日期	

图2–43　OPL示例

授课效果，主讲人必须加深对授课内容的理解。 这也是自我学习的过程。 而且通过授课这一形式的活动，与个人领导能力提升存在一定关系。

“传达教育”活动结束后，主讲人还应进一步确认参加培训的人是否理解授课内容，并对日常业务的实践情况进行跟踪随访。

综上所述，通过灵活开展 OPL 活动和学习，就能逐步提高参会者全员的能力。

27. 令人意外的会议运作的重要性

会议不只是参会者听取报告，人员之间相互交流的场所，参会者还可以围绕个人职责和期望等设想在全员参加的会议上加以明确。

■ 召开“会议”是领导的职责

对“三种神器”之一的“会议”也需要进行有效的运营和活用。 所谓会议，不一定要以开会的形式进行。 发起人可以利用作业人员正式进入工作状态之前或休息等闲暇时间，发动全员参与讨论活动中出现的问题，这一点很重要。另外，每月定期召开 3 ~4 次会议也应纳入员工守则。

在团队活动中，“会议”是最需要参与人员发挥领导能力和参与能力的时候。 当把活动板摆在前面时，那么会议场

1.因有时间限制，须简明扼要
2.一人一职，全员分担职责，全体做主
3.边在宣传板（挂图）上记录会议要点边进行
4.畅所欲言
5.仔细聆听
6.不拘形式
7.不独占发言时间
8.发言避免漫无边际
9.接纳反对意见
10.在气氛热烈的时候提出建议

图2-44　会议的十条

图2-45　在会议中增强一体感

所既是明确团队当前任务的场所，也是反思和学习的场所。为了使参加会议的所有人都能发言，让我们注意图 2－44 所示的会议 10 条吧。

同时，在会议进行的时候，需作好会议记录。不仅为了使团队中的全员能够理解、确认，而且需将会议的内容、结论和下次会议的日期一并向上级报告。通过向上级征求建议，使上级了解团队当前正解决什么问题和遇到了什么问题，而发出相应的指示和建议。通过以上活动能够增加上下级之间的信赖关系。

■ 邀请上司一同参加的会议

在轮班制生产现场或由众多一线作业人员组成的车间里，领导与一线员工接触的机会很少。“会议”这一特定场所不但能解决这个问题，领导还能顺便确认每名员工的健康情况等。从员工的角度来看，他们与领导之间的连带感增强，还能亲耳听到领导对小团队活动的建议和指示。这将成为激发小团队活动活力的巨大原动力。

第 3 章

实现持续改善的秘诀

28. “改善之星”要通过现场、现物把握现状

解决问题和改善应从正确把握现状（事实）入手。在改善过程中，三现主义同样是重要的行动指南。

■ 摒弃主观臆测，把握现状（事实）

工作岗位中存在的问题，实质上是应有的状态与现实之间的差距。填补这个差距就是改善。正确把握现状（事实）是进行改善的第一步。

解决问题时，不把握事实，只根据个人主观臆测或决定采取对策，绝不会得到想要的结果。特别是曾经成功的人，他们习惯于抱着相信下一次也一定会成功的心理，结果却以

失败告终。感觉和经验都是很重要的能力，需要进一步加以磨炼，但前提是一定要在确认现状的基础上。

■ 不用判断性语句

把所掌握的事实要点正确地传达给他人时应尽量避免使用判断性词语。例如，当你使用“××不好”、“××部位狭窄”、“××难以遵守”等判断性表达时，并没有说明事实是什么。举个例子，当你使用“××不好”这样的表达方式时，到底什么地方不好？具体什么地方不好？别人并不知道发生了什么。当你想表达“××部位狭窄”时，最好具体说明你在进行什么操作的过程中发现狭窄（参见图3－2）。

此外，当你提出“××难以遵守”时，如果不说明自己当时正在干什么，别人就没法知道事实真相。在你没有足够把握事实之前，最好避免使用这类判断性表达。

■ 对事实进行客观观察

为进一步掌握事实而提取相关数据时，人类通常会习惯性地选择对自己有利的数据。当你做到摒弃先入为主的观念，在现场、现实中观察现场（事实）时，从此你就会跻身改善之星的行列。不要犹豫，从现在开始实践三现主义吧！

摒弃先入为主的观念，对事实进行客观观察

图3–1　正确把握现状（事实）

明明房间的大小都一样，
什么狭窄、宽敞？他在说什么？

图 3–2　避免使用判断性词语

29. 改善之前先复原

所谓复原，是使设备“恢复到原始的正常状态”。设备发生故障时，如果只简单地更换零部件，故障一定会再发。处理故障的第一步是复原，在复原的基础上再进行改善。

■ 首先使设备恢复到“原始的正常状态”

设备故障是因构成设备的组件、零部件等功能受损引发的。一般情况下设备发生故障时，工作人员会采取更换受损的零部件，为“防止故障再发”提高零部件的耐疲劳强度等措施。可是，这些对策真的正确吗？这样做就能保证故障不再发吗？只更换了零部件，是否找到引发故障的真正原因并采取相应对策了呢？答案是不一定。

清扫、注油、紧固等日常工作被称为“完善设备的基础条件”。只有把这些工作落到实处，才能保证设备处于较少故障的运转状态。

另外，也可以说设备故障是因为基础条件不完善导致的。设备发生故障时，工作人员不能只简单地更换零部件或提高零部件的耐疲劳强度，还要彻底完善其基础条件，使设备恢复到原始的正常状态。这项工作被称为“复原”。在设备没有复原的状态下，即使进行改善，引发故障的原因仍然没有得到解决，进而导致故障再发。

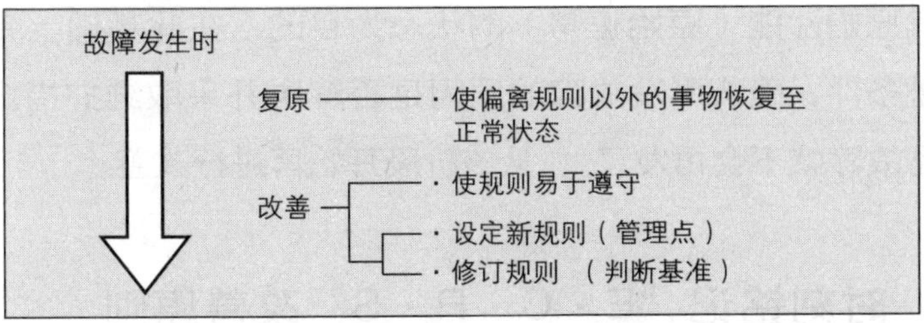

图3–3　复原和改善的思路

图3–4　首先完善基础条件

■ 复原是基础

“改善”一词的意思是“使原来不好的地方变得更好些”，另外，“复原”一词的意思是“恢复到原始的位置和形态”。设备发生故障时，作业人员应该以设备恢复到能发挥其原始性能（原始正常）的状态为目的，在此基础上完善基础条件，确认引发故障的原因是否解决并采取维护措施，设备故障就不会再发了。 从该阶段开始再进行改善。

30. 时刻铭记“E · C · R · S”改善原则

“E · C · R · S”是由英语 Eliminate（排除）、Combine（合并）、Rearrange（置换）、Simplify（简化）的首位字母组合而成，表示以各生产工序、作业、操作为对象的改善方式。

■ 运用“E · C · R · S”分析改善

改善是对现状进行调查，在调查分析导致问题发生的原因的基础上制定对策并实施，但是，在讨论对策时运用改善原则——“ECRS”——思考非常有效。

“E”如其释义“消除、停止、排除”所示，是指对之前的做法重新进行思考。 “C”是运用归纳、组合等方法进行合理化思考。 “R”是运用置换、调换、替换等方法实现同种功能转换的构思。 “S”是通过简单化、单纯化等使问题简化的设想（参见表 3 – 1）。

在“怎样缩短工程变更等待时间”这个改善主题中经常能看到运用“ECRS”进行改善的例子。

① 共享（排除）使用的夹具

表3-1 改善的原则

建议的种类		思考内容
Eliminate	排除	有没有可以排除的
Combine	合并	有没有可以合并的
Rearrange	置换	有没有可以置换的
Simplify	简化	有没有可以简化的

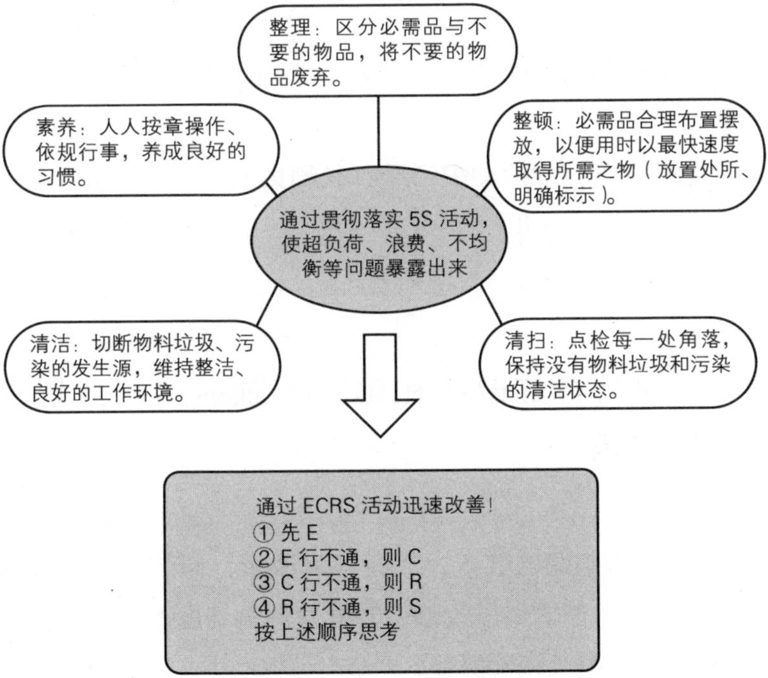

图3-5 通过贯彻落实5S活动迅速改善

② 成套管理（合并）必需物品

③ 在外部工程进行时准备（置换）并缩短工程时间

④ 放置场所对号入座（简化）

作业人员必须在认识“E·C·R·S”的基础上开展有效合理的改善活动。

■ 实施改善前的工作是“5S”

工程变更时间包括准备夹具、更换零部件等所需的“寻找”时间和“归位”时间。缩短时间的根本在于“消除徒劳”＝贯彻落实5S（整理、整顿、清扫、清洁、素养）管理活动。

只有在5S管理活动中亲身感受超负荷、浪费、不均衡现象，运用“E·C·R·S”改善四原则迅速改善，才能更快更好地实现安全人性化的工作环境。

31. 即时可行的改善和确定主题后实行计划性推进的改善

日常改善和课题改善，二者都是改善，但改善的速度不同。从日常管理的每日改善和方针管理的课题改善两方面入手使现场力获得飞跃性提升。

■ 改善的基础是日常改善和课题改善

每天发生的问题背后必有原因。 运用日常数据（日常管理）对该原因进行分析，迅速采取措施处理是作为强势生产现场的必要条件。 安排工作人员把辛苦收集起来的日常数据按月汇总分析，在此基础上再制定对策会耗费很多时间。 我们应从日常管理中学到的知识、现在能做的事情开始。

另一方面，课题改善的目标是：以追求生产系统效率化（追求效率极限）、使生产线和设备的全部潜在损失降低为零，谋求企业“效益最大化”为目的，以职务人员和作业人员为中心开展活动。 其中，特别是“零化管理”活动是 TPM 的定义，这是一种与零灾害、零缺陷、零故障等将全部损失降低为零的预防工作相关的活动。 当然，损失不可能经过一两次活动就轻易降低为零，必须经过连续不断的个别课题活动有计划地推进改善。

以某公司为例，该公司针对前一天夜里发生的问题在企业常设 QR（Quick Response，快速反应）角召集相关人员。该公司的日常改善工作原则上要求相关人员必须在 24 小时内制定应急方案。 另外，以工作人员为中心的项目组采取如下改善措施：划分事故种类——损失种类；逐项处理具体问题；向“零损失”发起挑战。 你所在的工作场所是怎么做的？

■ 越细分越明确，改善也应分步走

日常改善应与确定课题后实施的改善分开进行。 日常改

图3-6　日常改善

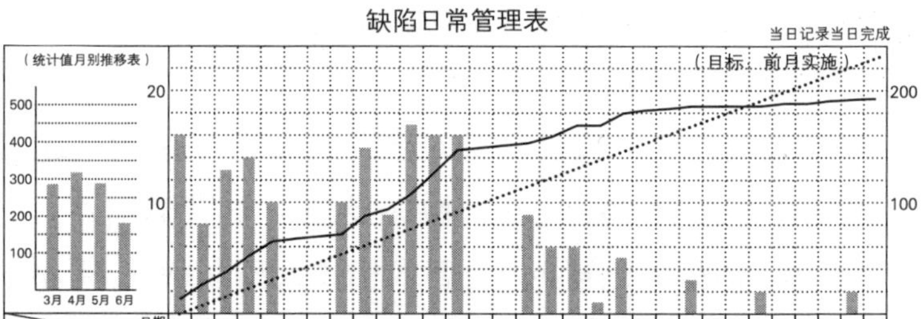

故障内容＼日期		1	2	3	4	5	6	7	8	9	10	11	12	13	14	15	16	17	18	19	20	21	22	23	24	25	26	27	28	29	30	31
①	外径为负值	12	8	9	11	8	—	—	7	12	5	11	10	10	—	—	4	2	0	0	0	—	—	0	0	0	0	0	—	—	0	0
②	圆筒度缺陷	4	0	2	3	2	—	—	1	3	4	6	6	4	—	—	2	0	4	0	5	—	—	3	0	0	1	0	—	—	1	0
③	外径震动大	0	0	2	0	0	—	—	0	0	0	0	0	2	—	—	1	4	2	1	0	—	—	0	0	0	0	0	—	—	0	0
④	振纹	0	0	0	0	0	—	—	2	0	0	0	0	0	—	—	2	0	0	0	0	—	—	0	0	0	1	0	—	—	1	0
合计		16	8	13	14	10	—	—	10	15	9	17	16	16	—	—	9	6	6	1	5	—	—	3	0	0	2	0	—	—	2	0

图3-7　缺陷日常管理表示例

善在日常工作中实践，重点是相关人员按照图 3－7 所示的日常数据和三现主义原则进行沟通。 课题改善的重点是召集必要成员，在追求“零化”目标的基础上有计划地进行并坚持下去。

32. 用 QC 的问题解决法推动课题改善（把握现状～确认效果、制止）

为什么必须用 QC 手法推动改善？ 因为这会使问题的解决更有效率更合理。 作业人员必须遵守操作步骤。

■ 重复 PDCA 管理循环

所谓 PDCA 管理循环，是为了能够有效率地，有效果地，更合理地解决工作岗位中存在的问题，在按照 Plan（计划）、Do（实施）、Check（评价、点检）、Action（处理、改善）顺序一步步切实实施的同时实现目标的过程。 QC 手法（QC 式问题解决法）作为一种遵循这种循环管理模式的问题解决方法得到广泛认可（参见表 3－2）。

运用 PDCA 分析法解决问题的步骤如下：

①选择课题（发现问题）

②把握现状和设定目标（调查问题）

③制定活动计划（改善计划）

表3-2　QC手法的步骤和实施事项，主要的QC手法

步骤	关键词	主要QC手法
选择课题	·确定个人工作职责 ·确认车间下达的方针、目标 ·发现列举问题点，对问题点进行评价，确定课题	·图表 ·检查表 ·帕累托图 ·直方图 ·矩阵图法 ·控制图
把握现状 设定目标	·确定攻打对象的特性值 ·收集事实（调查故障程度 = 4M，时间序列） ·确定预期目标（截止什么时间，完成什么任务，完成量）	·帕累托图 ·检查表 ·图表　·控制图 ·直方图 ·亲和图法
制定活动计划	·确定实施事项 ·确定日程 ·确定职责分担等	·图表　·控制图 ·矢量图 ·PDPC法
分析主要原因	·整理特性和原因之间的关系 （发现大量原因） ·确定主要原因 ·对主要原因进行解析（调查验证）	·帕累托图 ·特性要因图 ·直方图 ·散布图　·图表 ·控制图　·系统图法
探讨对策并实施	·针对对策项目提出建议 ·对对策方案进行评价并选择 ·探讨对策方案的实施方法，具体实施	·直方图 ·控制图　·系统图法 ·矩阵图法 ·矢量图
确认效果	·确认对策的结果 ·与目标值进行比较 ·了解有形和无形效果	·图表 ·检查表 ·帕累托图 ·直方图 ·矩阵图法 ·控制图
落实标准化和管理	·新（正确）管理方法标准化 ·彻底传达落实标准化内容 ·确认保持情况	·检查表 ·图表　·控制图 ·亲和图法　·关联图法 ·关联图 ·矩阵图法

④分析主要原因（追究原因）
⑤探讨对策并实施（排除原因）
⑥确认效果（确认成果）
⑦落实标准化和管理（防止再次发生）

如果不遵循用 PDCA 分析法解决问题的步骤，对问题也不进行调查和追究原因，只根据主观臆测采取对策，问题很难得到顺利解决。 解决问题时应遵循 QC 手法进行。

■ 遵守步骤，增强改善能力

QC 手法原本是以简单易懂的方式向他人说明怎样解决问题的步骤。 把这些步骤作为解决问题的步骤会很直观。

①把握事实（把握现状）
② 进行假设（解析要因）
③ 提出新方法（对策立案）
④ 用事实检验（确认效果）

按上述步骤进行，就能使问题顺利解决。

33. 熟练运用 QC 七工具——各“工具”的作用

QC 七工具是一种收集、分析日常活动中的数据，从中发现问题并协助解决的工具。作业人员应通过使用改善之必备工具，推动改善活动有效合理地进行。

■ 让事实数据“可视化”

QC 七工具作为一种制作简单、人人会用、一目了然的工具，是从众多方法中脱颖而出的（参见表 3－3）。

只要灵活运用这些手法，任何人都能正确掌握生产现场的实际情况。

为了灵活运用这 7 种工具，第一步需要收集数据。举个例子，围绕“热”这个问题对相关数据进行分类，结果如下：

- 数值数据

  计数值＝10 个人中，有 8 个人感觉热

  计量值＝温度测定显示温度为 32 ℃

- 词汇数据

  今天热

在所有已开发出来的工具中，整理数值数据的主要工具是“QC 七工具”（Q7），整理词汇数据的主要工具是“新 QC 七工具”（N7）。

笔者曾应邀参加一场由某企业承办的改善事例表彰大会，会议内容围绕 QC 手法的各个步骤具体阐述了 QC 七工具活用的实例。第一眼看到资料时，笔者还觉得内容比较陌

表3-3 QC七工具

手法	基本形式	特征，优点	运用要点
检查表	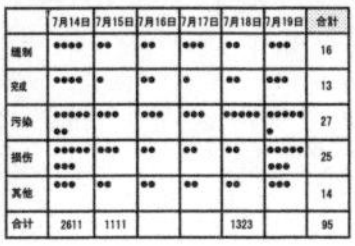	1) 数据分成几个项目类别。具体数据分布情况一目了然的图表 2) 数据获取简单，容易整理	1)明确目的，制作对应目的的检查表 2)便于分析缺陷数、残次品数等计算数值
帕累托图	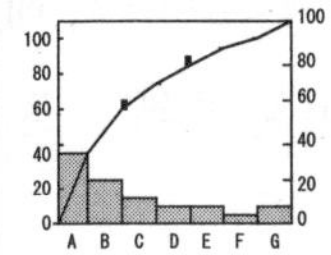	1)数据分成几个项目类别，按大小顺序排列的图和以累积曲线排列的图 2) 问题的重要程度一目了然	1) 明确分类项目 2)不能确定重点项目时，重新考虑（层别后）并制作
图表	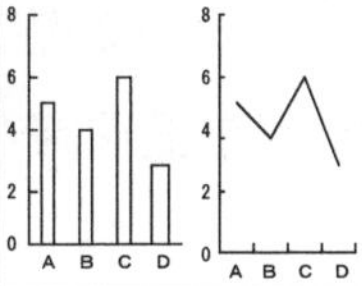	1) 数据（数字）直观易懂 2)可将收集到的数据信息直观、正确地传递给他人 3)有柱形图、曲线图、饼图、甘特图等多种形式	1) 明确制表目的 2) 判断收集到的数据是否直接可用 3) 检查数据量是否充足，准确掌握排列图标的时间序列
特性要因图	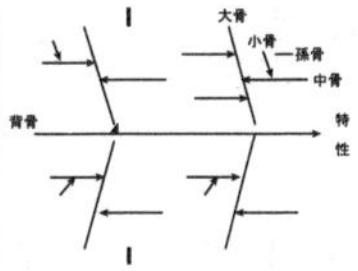	1)整理分析问题特性及相关原因之间的关系，以鱼骨形结构归纳表现的图 2)查明对问题特性产生影响的各要因的影响度大小，从中发现真正的原因	1)经常从各角度归纳全员提出的建议，在此基础上讨论并改善 2) 问题特性应尽量具体化 3) 关联的鱼骨数越多越好
直方图	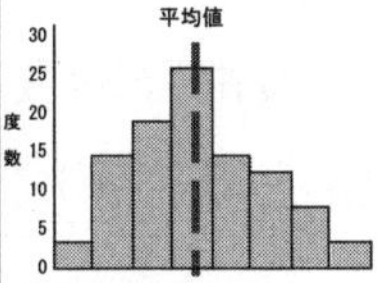	1)把获得的数据分出几个区间，检查进入各区间的数据的发生度数，以柱形图表示的图 2)掌握数据的整体情况，了解数据存在的偏差等信息直观明确	1)数据区间尽可能控制在50～100之间 2)确定纵轴和横轴标准，注意分布均衡（应接近正方形） 3)与标准规格进行比较，根据工程能力指数判断管理状态
控制图	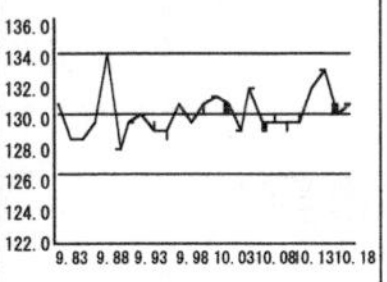	1)通过观察时间序列数据和管理权限线，从客观角度入手发现工程异常点的图表 2)能在问题发生的早期阶段发现异常，并采取恰当措施处理	1)根据管理目的和管理内容，选择最确切的控制图类别 2) 调查的数据数至少在25组以上 3) 判断管理状态
散点图	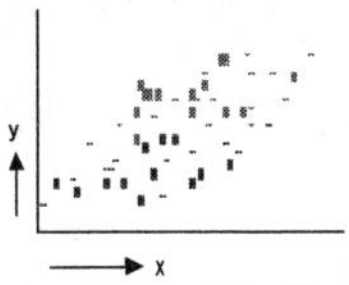	1)以点的形式记录成对的两个数据的图表 2)看一眼就能分辨出2个要素数据之间是否存在关联？如果有关联，是什么等内容	1)调查的数据至少应收集30对，最好收集50对以上 2) 注意数据的层级

生，但很快就明白在讲什么了。原因很简单，因为事实数据通过“可视化”形式表达。你所在的企业改善情况怎么样呢？

■ 活用 QC 手法

QC 手法是一种对凌乱的问题进行整理，让每个看到它的人都能一目了然的工具。对这种手法的运用越熟练，你就会发现没有比它更方便的工具了。

建议大家在实际工作中运用 QC 七工具。一旦熟练掌握“QC 手法”，你就会发现之前解决不了的问题在迅速减少。

34. 从故障中学习，以防止再次发生

因故障原因导致设备停止时，作业人员使设备迅速恢复至正常状态非常重要。但是，如果不追究引发故障的真正原因，而把临时应急措施当成长期对策，设备故障的再次发生会变为常态。

■ 故障现象是揭开问题真相的生动教材

故障是在设备（零部件）强度失效或超过疲劳强度时发生的，当因为基础条件不完善导致强制劣化而发生故障时，这种情况让管理生产现场的我们感到羞愧。

设备综合效率作为衡量生产现场的客观指标非常重要，

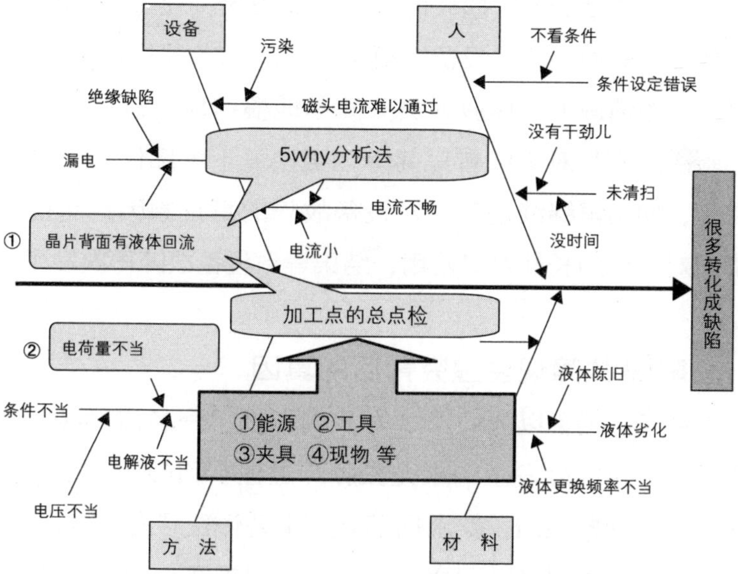

图3–8 追查真因法（例）

① 学习设备的构造、功能及正确的操作方法
② 学习正确状态，列出点检项目
③ 根据点检项目，立刻展开现场调查
④ 故意制造故障
⑤ 在故障应对方案结束前，保留发生故障的零部件

图3–9 分析故障时的注意事项

但是，在影响设备综合效率的原因之中可以说“故障停运”、“速度低下”损失所占的比例很大。这时，作业人员应尽量在短时间内使设备恢复至正常状态。但这里有一处陷阱：一般情况下，作业人员只简单地根据自己过去的知识或经验决定应急对策或者只简单地更换一下零部件，一旦设备恢复，便不再继续追查引发设备故障的真正原因，而且还把临时对策作为长期对策使用，结果导致设备故障再次发生。

■ 从故障现象追究背后的真因

终于，设备以故障形式为我们提供了一条信息线索，如果我们跳过故障发生的来龙去脉（过程）和问题的本质，仅仅停留在现象表面，就永远不会去主动怀疑“为什么”。在设备发生故障时仔细观察并从中学习很重要。如下所示，从故障发生开始作业人员应该完成以下 3 件事。

① 在什么部位？发生了什么？观察并对照图纸仔细查找每一处细节

② 锁定位置时，反复询问该问题“为什么”发生？反复运用第 42 节的“5why 分析法”，直到找出“再发防止对策”

③ 实施对策，制定标准化

正确分析，找出真因；深究对策，彻底制止。把这些措施作为基本条件和定期点检继续保持（参见图 3 – 8）。

35. TPM“个别改善”的要点

实现零损失不可能立竿见影。我们必须根据目标各个击破，在积累零目标的基础上，通过“个别改善”将损失降低为零。只有通过分步实施，才能取得真正的成果。

TPM 活动过程中的“个别改善”是一种以零灾害、零缺陷、零故障为基础，对影响效率的每一个问题追查到底，从而将全部损失降低为零的活动。

■ 分步展开，实现零损失的机制

第一步，在准备阶段，生产系统的损失问题开始出现（参见第 36 节），作业人员应将生产线上的瓶颈问题作为课题上报。第二步，进入实施阶段后，活用下表的“7 个开展步骤”扎扎实实地进行改善，在此基础上确认效果并实施固化（标准化）和横向展开。

但是，在现实情况下很难一下子将全部损失降低为零。可以将损失分为多种，逐个击破，一步步积累为“零目标”。也就是说，通过积累“小零”达到“○○生长线，○○ 实现零损失”的目标。

■ 实现“零目标”的要点是追究要因

实现“零目标”的关键是将自主维护活动和个别改善配套进行。将①彻底排除微缺陷，②彻底完善基础条件，③设

表3–4　个别改善的七个开展步骤

	步骤	活动内容
实施阶段	第一步 选定改善主题和目标	· 在调查现状的基础上，选定改善主题 · 从“零损失”的思路出发，选定具有挑战性的目标和期限 · 确定各损失的相关责任人
	第二步 改善计划立案	· 制定分析、对策草案、改善实施等步骤及日程推进计划 · 实施TOP诊断
	第三步 观察现象，分析原因，对策立案和评价	· 为改善而进行的观察现象、分析原因、调查、实验等一切技法的活用和固有技术的发挥，改善草案的立案及评价 · 追求直至目标完成为止的改善方案 · 通过TOP诊断、成果发表会等进一步完善
	第四步 实施改善	· 以诊断对策为依据实施具体对策 · 必要的场合进行预算处理
	第五步 效果确认	· 改善实施后，确认各损失的实施效果 · 如果效果不明显，则返回第三步，重新制定改善计划
	第六步 固化（标准化）	· 切实执行技术对策（为防止回到原点而进行的物质性对策） · 实行作业标准、维护标准等必要的标准化 · 为防止问题再发，对作业人员进行教育 · 企业高层领导审核
	第七步 横向展开	· 在同一生产线、工序、设备横向展开 · 下一生产线的选择，改善活动的开展

【注】项目小组成员对本职工作以外的损失项目的排除问题进行技术解析，积极探讨。对怎样改善予以大力支持和内容补充，发挥作为小组成员一分子的作用，努力进行改善。

◎：模式　　○：横向展开设备
●：横向展开结束　……：不必横向展开

改善课题 ＼ 生产线名、设备名		A生产线			B生产线	
		A设备	B设备	C设备	A设备	B设备
1	轴承Assy制动缺陷对策	…	◎	…	…	○
2	生产特殊支架导致时间缩短	…	●	◎	…	●
3	微细(ϕ0.5) 钻头弯折对策	◎	○	○	●	○
4	机器传输部暂短停机对策	…	◎	●	…	●
5	插头压入故障导致暂短停机对策	○	◎	…	○	○

图3–10　横向展开进度管理表（例）

备、材料、方法、人（4M）几方面的要因以目录形式列出并进行彻底改善。在深刻认识改善的基础上进行非常重要。

而且，实现“零损失”最重要的一点是彻底追究要因。作业人员应依据原理原则追究现象，在现场、现物、现实中进行观察和整理。追究原因时一般采用5why分析法（参见第42节），与慢性要因相关的问题可采用“PM分析”（参见第44节）。实际上也有人根据既往经验和个人思考锁定要因并改善的例子。这时，经常因为没有对要因采取措施或遗漏潜在要因，最终没有将损失降低为“零”。若想追求零目标的极限，彻底追究要因必不可少。

36. 找出企业利润大敌——“损失”

损失会侵蚀企业利润，而且大多数损失以潜在形式存在。作业人员的任务是使这些潜在损失暴露出来，明确阻碍企业盈利的要因并努力排除。

■ 无形流失中的损失

所谓损失，可以看成是企业的经营资源（人员、资金、设备、物品、信息……）没有充分发挥其原有功能的状态。换句话说，阻碍企业盈利（利润）的原因就是损失。从企业经营资源中找出阻碍企业盈利的原因，设法排除并做好预防工作与企业效益息息相关。因此，我们有必要明确企业经营

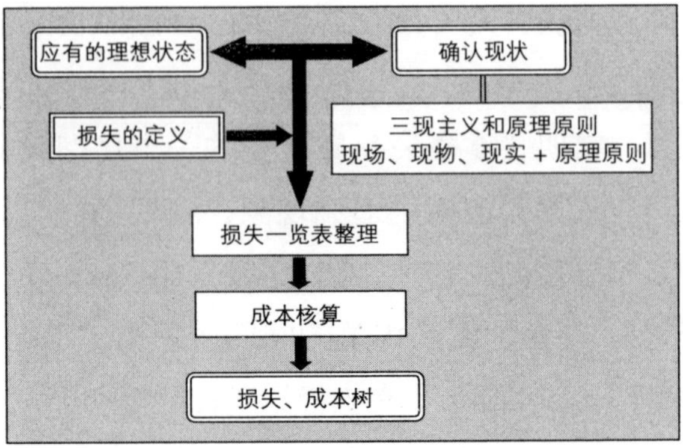

图3–11　调查损失

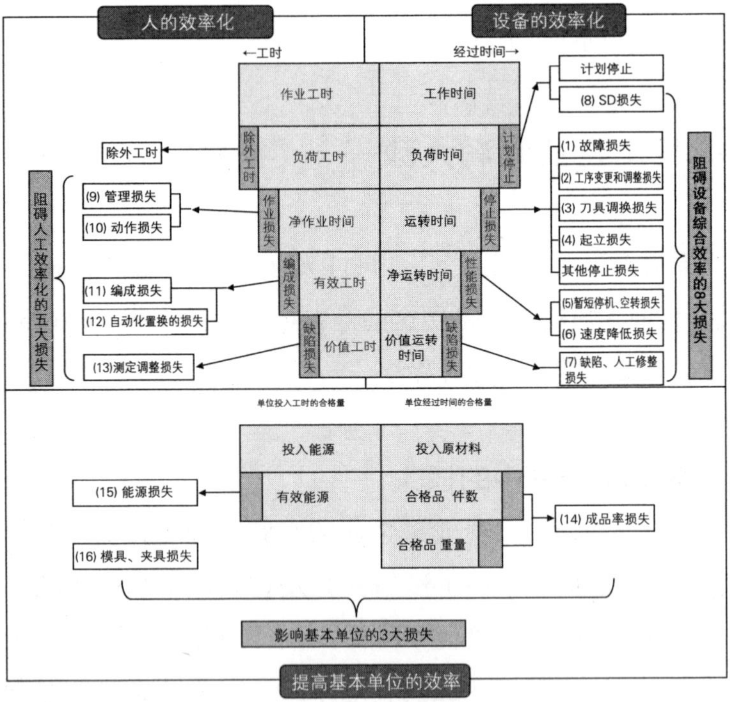

图3–12　生产活动中的损失架构（16大损失）

资源应有的状态和功能，了解其各自的现状。

以原材料为例，如果工厂投入（购买）的原材料的成品率是 100%，说明材料没有损失。但是，现实情况下在投放原材料工序的处理过程中出现遗漏或剩余，在生产工序产生不良品，在最终工序因手工制作剪断多余的材料……这些材料浪费的情况比比皆是。此外，在保管材料的过程中因劣化等原因导致很多材料无法再用，这些因素也会造成很大损失。

如上所示，如果针对经营资源中存在的损失进行定义，调查浪费的材料量，我们就会发现损失之多令人惊讶。如果一线作业人员能够重新认识并改善现有的损失情况，其行为本身将直接转化为企业利润。

■ 对损失进行调查

第一步，定义损失，彻底落实三现主义，包括之前被遗漏的损失在内找出一切损失（参见图 3－12）。第二步，将这些损失置换为成本损失额。通过梳理规范上述问题，企业盈利的重点将一目了然。作业人员只有深刻理解改善活动（排除损失活动）的必要性，才能以积极的姿态参与其中。

37. 改善的最大着眼点是“现场的潜在损失”

个别改善的主要活动——“生产系统效率化”的关注重

点是生产现场的潜在损失。 下面让我们一起来看看损失。

■ 损失的种类

其实，即使表面上看似运转正常的设备也存在很多潜在损失。 让我们一起找出这些看不见的损失并对它们进行分类。 损失可大致分为 ① 阻碍设备运行效率的损失；② 阻碍人工效率的损失；③ 阻碍工序成本效率的损失。 （含关机等在内时，还应增加一项“阻碍作业率的损失”）。

根据效率化的目的不同，选择已分类的损失并上报课题（损失名、损失量、改善责任人、成员、结束日期等），之后集中进行改善。

■ 在现场、现物中让损失显现

在个别改善过程中，企业各阶层的复合式团队全员根据各自分担的职责确定具体改善课题，追求经济效益最大化。第一步，以生产系统整体为对象，对上述几大损失进一步细分后具体定义为 16 项损失。 第二步，根据实际情况把“大损失”拆分成“中损失”；再根据生产一线的状况对接近“中损失”的“子损失”进行定义；然后用计算单位和金额换算方法进一步定义。 此外，还需要计算设备的综合效率。

定义和计算方法确定后，逐级调查各工序的现状，使损失显现出来。 调查结果作为 BM（benchmark，基准点）全部备案。 为在全员间实现共享，需制作损失树、损失成本矩

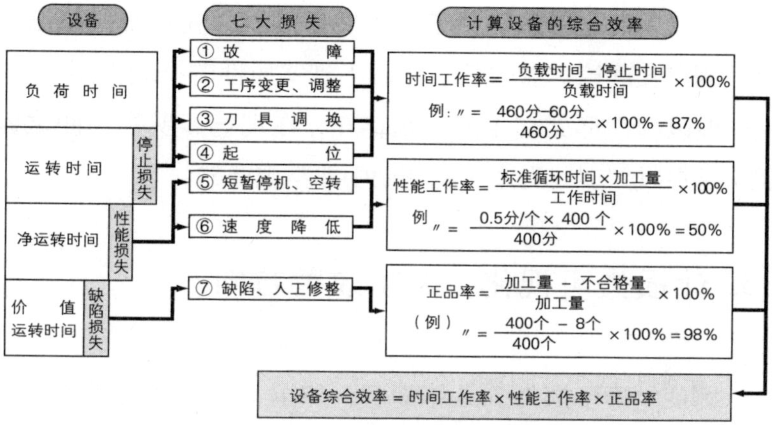

图 3–13　设备综合效率的计算

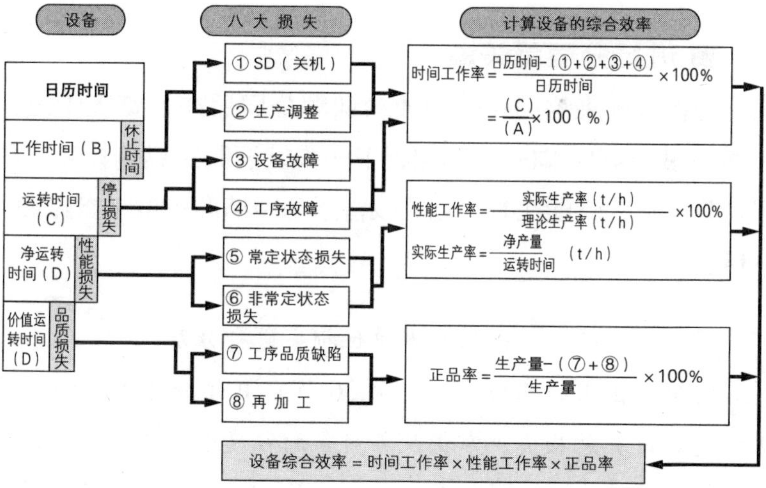

图 3–14　工场综合效率的计算

阵、损失图等资料。通过这些举措使损失可视化。与此相对，在管理台账等事务性工作中发现的损失充其量只是纸上谈兵的空头理论，对改善工作起不到实质性的推动作用。损失一般以潜在形式在生产一线存在，在现场、现物中使之显现，是在以“现场为本”的活动中非常重要的。

38. 让损失可视化，寻求改善方向

即使明确了损失的具体情况，如果下一步不清楚该从什么地方入手，工作还是无法继续。下面让我们一起对损失进行分层，有计划地推动改善。

■ 进行分层是关键

把提取出来的损失作为改善课题分层后在一览表中进行归纳。改善的方向一旦确定，下一步就要制定具体计划，将损失分层化，就能在有计划的改善活动中精准定位（参见图3-15）。

第一层…………根据基本单位损失进行分层

将提取出来的损失（参见第36节）具体分为16大损失，根据定义计算总损失，掌握改善对象的程度很重要。

第二层…………根据P·Q·C·D·S·M·E进行分层

根据层别，选择有效的改善实施步骤，从而与企业效益挂钩。

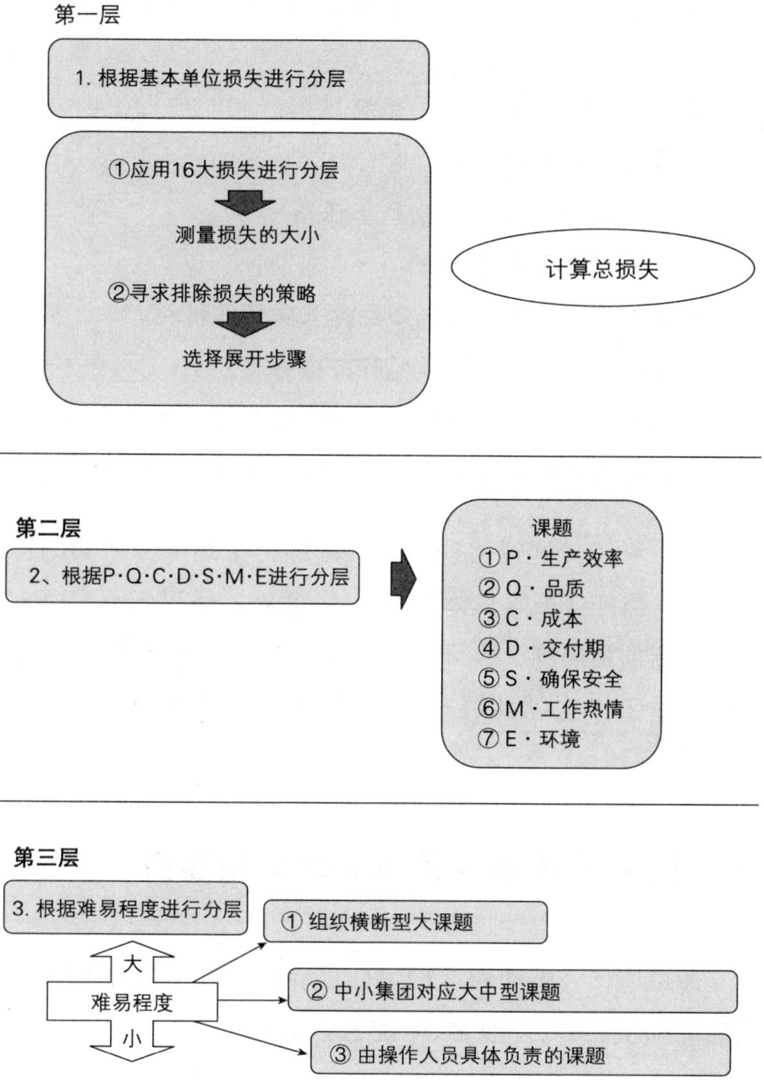
第一层
1. 根据基本单位损失进行分层
①应用16大损失进行分层
测量损失的大小
②寻求排除损失的策略
选择展开步骤
计算总损失
第二层
2、根据P·Q·C·D·S·M·E进行分层
课题
① P · 生产效率
② Q · 品质
③ C · 成本
④ D · 交付期
⑤ S · 确保安全
⑥ M ·工作热情
⑦ E · 环境
第三层
3. 根据难易程度进行分层
大
难易程度
小
① 组织横断型大课题
② 中小集团对应大中型课题
③ 由操作人员具体负责的课题

图 3–15　损失的分层

在此基础上，再把内容分为2层（验证预算、利润、效果）。

① 追求利润型个别改善课题

容易计算投资回报率。

② 自主维护支持型个别改善课题

不容易获取收益的课题。

分型不同则费用不同，必要时采取预算措施。

第三层…………根据课题解决难易度分层

根据课题解决的难易程度进一步将各课题细分为A～C三个级别，判断由谁负责更有效、人选更恰当，最后做出决定。

综上所述，通过将损失进行分层，可确定责任部门、小组编成、责任成员等具体执行人。此外，一旦各因素确定，就能决定预算措施、执行计划并登记个别改善课题。改善活动的具体工作也就此展开。因此，分层是推动改善活动的关键。

39. 运用IE手法改善作业损失和浪费

通过现状分析使潜在损失显现，我们就会发现其中与人的活动相关的损失很多。那么，怎样处理与人相关的损失呢？

■ IE 手法是在现场、现物中观察现状的工具（Tool）

正确把握现状对改善活动不可或缺。IE（Industrial Engineering）手法是运用各种工具对生产活动的实际状态（操作人员对损失的认识态度淡漠）进行分析，从中找出具体的改善课题。

生产活动以现场为本，正因如此，在生产一线作业的人从事的工作内容不同，会对产品品质、数量、成本等“产出”造成极大影响。在这种情况下，使与人的活动相关的损失显现，提示改善方向的正是这种 IE 手法。

■ 方便易用的 IE 手法

对 IE 手法的分析结果可以采用图表进行描述，使之在 TPM 活动板上直观可见。同时，这种手法也是会议过程中的最佳辅助工具。以下是 IE 手法的具体特征。

① 以一定期间的工程整体为对象进行实际状态分析时，有工程分析、线路图、提示设备运行状态的动作分析等方法。运用这些方法能够综合掌握生产现场的整体状况。

② 在作业实态分析过程中，有描述人员移动情况的动线分析，有作业要素中分析作业内容的要素作业分析，还有按人的手部和身体等动作对要素作业进行细分的动作分析。这些方法可用于单纯工序变更工序的改善活动（参见图 3 - 16）。

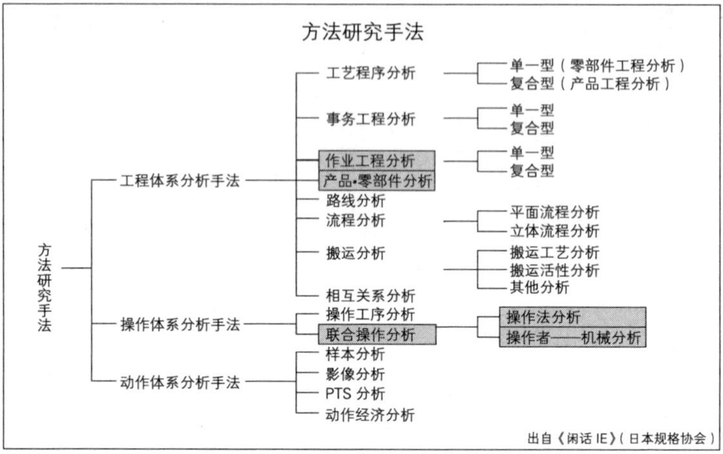

图 3–16　动作分析法

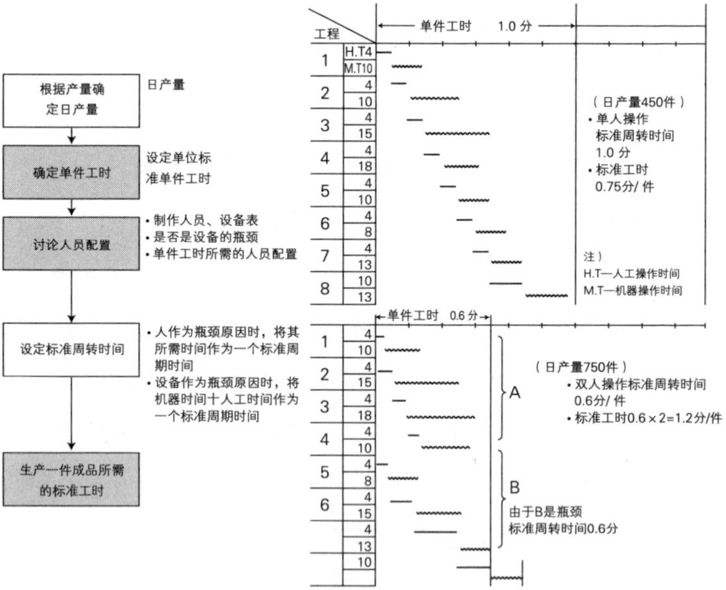

图 3–17　多人多机操作时的周期循环时间法

③ 在描述人员和设备的实际情况时，为掌握联合操作分析、多人操作（即两个或两个以上操作人员同时对一台设备进行操作）等的实际情况，还有抽样分析的方法。

IE 手法中有很多分析方法，作业人员可根据具体情况组合运用各种不同方法使实际状况直观可见，并从中找到正确的改善要点。 在改善方法立案、具体实施过程中运用 ECRS 的分析评价法促进效率提升。

40. 挑战有助于缩短作业所需时间的“程序改善”

“工序变更（从 A 部件生产结束到 B 部件质量确认合格开始生产期间的停机时间，即生产线换线、生产前的准备工序、开工准备。——译者注)、调整损失”是提高设备综合效率不可缺少的重大课题。 作业人员必须探究其中深意，并尝试向该课题发起挑战。

■ 实现快速变更

影响设备效率的损失之一是“工序变更，调整损失”（关于损失参见第36 节）。 在应对多品种少量化，缩短交付期等问题上，工序变更时的改善的影响力变得越来越重要。在设备运转过程中变更工序必须临时中断生产。 所以，争取在短时间内结束工序变更很有必要。 工序变更的目标是“位时间（例如小于 10 分钟）”。因此，一线作业人员应尽最大限度地在争取瞬间完成工序变更的改善上下工夫。这可以设想成汽车拉力赛的车队维修组。

■ 工序变更的改善步骤

改善步骤如下所示：

① “彻底缩短寻找时间” → 彻底落实 5S 活动

在工序变更工作中，作业人员需要完成夹具和零部件交换、产品的整理等工作。这些作业的附带动作中一定包含“寻找”时间，缩短这个“寻找”时间就是该环节作业的目标。

为实现该目标，相关人员应在落实“整理整顿”，标准化 5S 活动，排除“寻找作业、动作”的 ECRS（排除、合并、替换、简化）的基础上实施改善活动。

② “将内部工序转化为外部工序”→ 调整顺序

与在内部工序阶段设备必须停下来之后才能作业相反，外部工序是在机器设备不停止运转的状态下（即生产线以外）为下一生产用的工具先行做准备的一切作业。从内部工序转化为外部工序时不必停线。这时的改善活动具体指：分解作业内容（即变更动作）、调整作业顺序等，可以立即付诸实施。

③“内部工序改善” → 消除调试，平行作业等

为改善内部工序，应做到模夹具定位、参数固定、简化

装卸。与汽车拉力赛上的车队维修工作相同，具体作业是消除多余动作，争取一次到位。

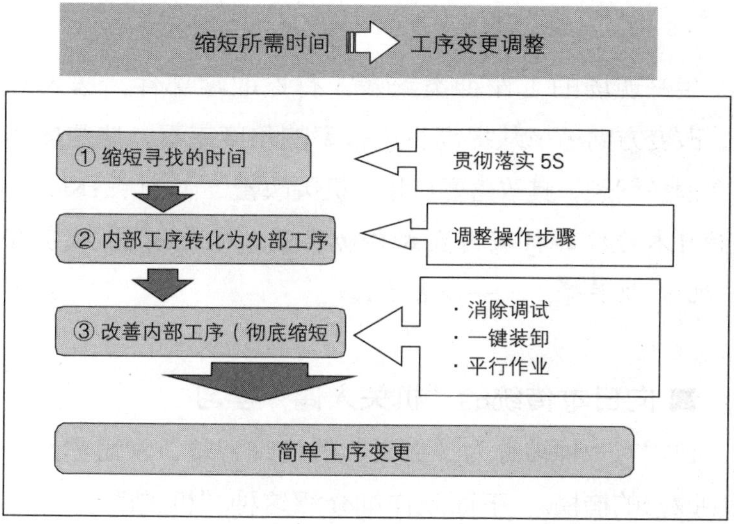

图 3–18　实现简单工序变更的方法

1. 工序变更短时化，追求简单工序变更
2. 无调试、无试加工，产品一次成型
3. 掌握要素作业和动作
4. 将一系列工序变更作业作为一个现象处理（部分作业除外）
5. 工序变更作业之标准化及培训

图 3–19　工序变更的改善要点

41. 使用不花钱的智慧——“机关改善”的要点

生产现场的工作种类繁多，有提取零部件，送入流水线，改变方向……从提高生产效率的角度来看，这些操作中存在很多问题，其改善要点是“机关改善”（机关:Karakuri，一种日本传统的机械内置式自动装置人偶或模型,汉字有络缲、机巧、机关等。——译者注）。

■ 向日本传统的“机关人偶”学习

日本有一种被称为“机关”的传统智慧，它堪称生产过程中改善的楷模。下面就详细介绍这种“机关改善”。从日本江户时代起流传至今的“机关人偶”的典型代表当属“茶运人偶”、“段返人偶”等。此外，日本岐阜县高山祭（高山祭:日本三大传统美节之一。——译者注）庆典巡游时登场的“山车”等让生活在今天的我们也有幸一睹的“古代机关”装置的那种沉淀着深厚历史韵味的传统技艺。

日本古代匠人制作这类机关装置的要点如下：主要利用势能、惯性法则、重心移动、支点移动等原理，采用齿轮、鲸鱼须、线绳、板簧、凸轮、转盘等作为原材料，经过巧妙的机械组装营造出自然多样的人偶动作和表情。

下图是一个模仿小鸟饮水原理的改善实例。图中的pH计必须每隔3天，经人工补充一次KCL溶液。
对此，有人设计出一个巧妙利用塑料空瓶的装置。当溶液的液面下降到一定程度时，该装置可自动补充KCL溶液。

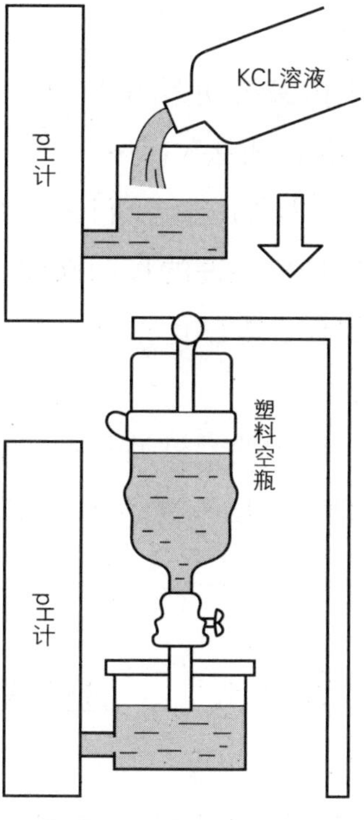

图3-20 机关改善示例——KCL自动补液器

■ 现代化工厂也在应用的“机关改善”

所谓“机关改善”，是指生产一线的作业人员纷纷献计献策，在尽量不耗费资金和新能源的基础上自主实现的改善活动。

例如：在自主维护的点检改善方面，使用空塑料瓶或浮标等工具，运用滑轮和杠杆原理使震动增加的“震动可视化”方法、“链条拉伸点检法”、针对高位箱缸的“手头确认”等具体方法。

另外，还有利用传送带动力的“同时清扫法”，利用重力和惯性原理的“飞散回收法”……

在作业改善方面，比如运用我们在中小学阶段学过的知识：设备自体重力、杠杆原理的移动操作、方向切换、减轻重量物移动、简化操作、零部件排列、一次作业等以在实践中灵活运用。

现代化工厂也在应用的“机关改善”能激发企业一线员工的创造力，这是 TPM 现场改善活动在实践过程中追求的真正意义。

42. 反复追问“为什么”，追查真因

5why 分析法是针对一种异常现象通过反复追问“为什么”确认事实，之后继续思考下一个“为什么”，直到找出背后的真正原因，并导出再发防止对策的方法。

■ 5why 分析法是什么

5why 分析法，是指当某个问题发生时，将重点放在现实与应有状态之间的差异上，之后追究问题为什么发生的一种

分析手法。该手法的特点不是一时冒出的念头，而是在每个层面连续多次询问“为什么”，分层次有规律地追究问题，防止疏漏偏差发生，直到找出原因。

5why分析法的具体操作步骤如下：把现象为什么发生作为“一次要因”，再把一次要因为什么发生作为“二次要因”，重复该过程，直到找出真正原因。

■ 5why分析法的特征

与其他方法相比，5why分析法的特征是：不需要具备深奥的理论或知识。操作人员只需要遵循三现主义（现场、现物、现实）从观察事实入手，而且任何人都能轻松操作。此外，运用该手法时，一线员工可以畅所欲言发表看法，这样有利于汇总多方面的观点。

■ 5why分析的规则

①运用5W1H对异常现象和“为什么”的原因分层，从微观角度把握现状

②思考加工点的加工原理和原则是什么

③为什么发生①的现象？列举与加工点的基本原则相悖的现象

④理清“为什么”前后之间的因果关系

⑤原因是否存在于现实中？在三现主义的基础上，做到早确认，早检查

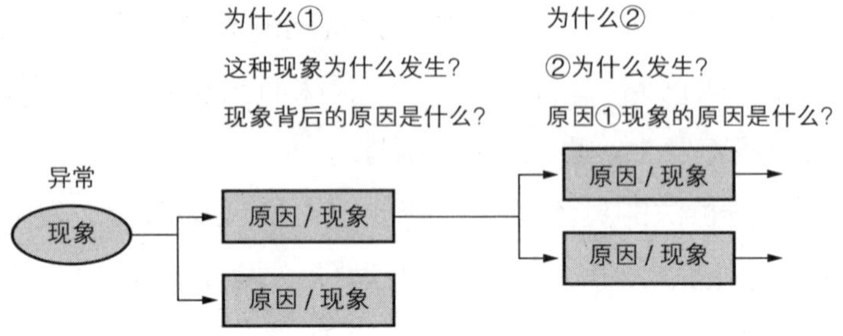

图3-21　5why分析法的基本思路

在以下实例中，进一步探讨导致锈蚀、变形的原因。

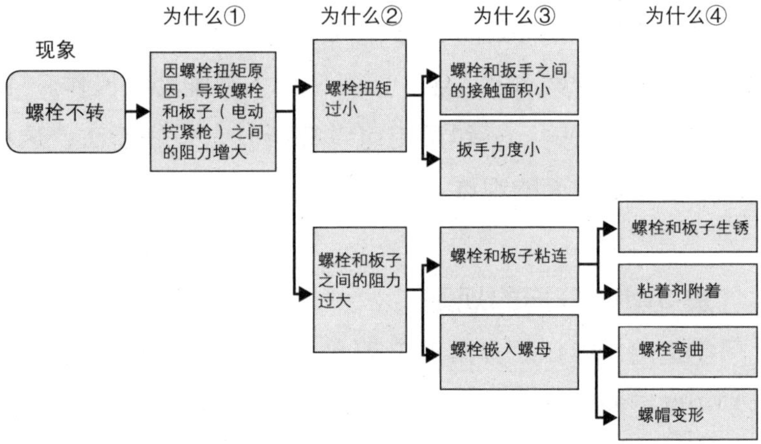

图3-22　从原理原则出发的“为什么”事例

⑥同一现象在同一部位再发时，重新审视

⑦不必追究心理层面的原因

⑧不要放过微缺陷

⑨不要把追究问题发生场所与5why分析法混为一谈

43. 掌握“原理原则”，才不会得过且过!

逻辑思考的秘诀是运用原理、原则思考问题。如果能熟练运用原理、原则思考问题，那么进行5why分析和PM分析也不在话下。

■ 了解什么是原理、原则

所谓原理，是指“作为根源（基础）存在的理论”。换句话说，就是“对象部位的基础动作和加工，或发挥作用的理论依据”。例如万有引力定律、欧姆定律、加工原理（切削、研磨）等。

所谓原则，是指“作为根源（基础）存在的法则”。此外，“基本规则·法则”、“支持原理成立的对象部位的条件”等也是根据原则制定的。例如：在加工过程中，当改变主轴旋转和加工单元的加工速度时，了解加工结束后加工外径或表面粗糙度等形状发生变化的过程。只要掌握这些知识，作业人员就能同时设定确保加工精度和生产率（速度）的最适条件。

■ 手电筒的工作原理

这里举一个“手电筒点亮照明”的例子。

表3-5　加工原理、原则示例

<table>
<tr><th>加　工</th><th>原　理</th><th>原　则</th></tr>
<tr><td>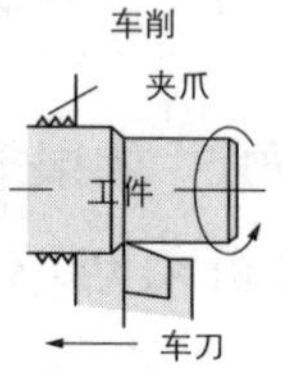
</td><td>夹爪固定工件并旋转，车刀切入工件表面，且与工件的轴心作平行移动。此时对工件表面经切削产生切屑，加工至规定的形状、尺寸。</td><td>① 工件在规定的旋转数内旋转，且不振动
② 车刀（刀座）做直线运动
③ 工件中心与车刀刃尖的高度相等</td></tr>
<tr><td>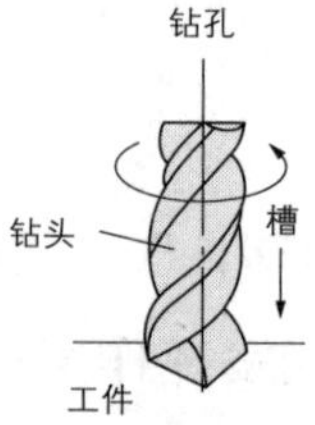
</td><td>钻头旋转,同时有一推力（推向）工件，当钻头前端部分的刀刃和凿刀尖端嵌入工件时，切削产生切屑，再沿切槽排出外部。
此外,借由钻头外缘孔的侧面进行调整加工,使钻头向前直线推进。</td><td>① 钻头在规定的转速内旋转，无不规则旋转，不振动
② 钻头左右的 2 条切刃为同一尺寸、形状（切刃的长度和角度）
③ 主轴做直线运动</td></tr>
<tr><td>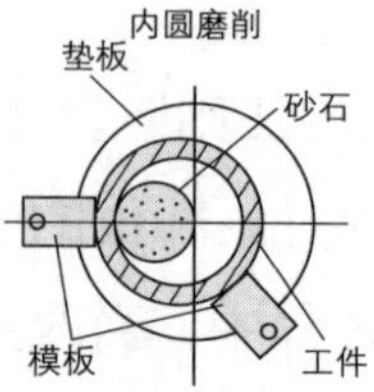
</td><td>模座上下的 2 个模板支持工件，拨盘使加工物旋转。
此外，当砂轮作高速旋转时，利用砂轮工作面上突出的众多磨粒接触工件表面，当朝工件表面进刀时，工件表面被磨削后产生磨屑，加工至规定的形状、尺寸。</td><td>①工件和砂石的中心线成一直线
②工件轴心和砂石轴心平行
③工件和砂石皆以规定转速旋转，且不允许震动
④确保规定的进刀速度</td></tr>
<tr><td>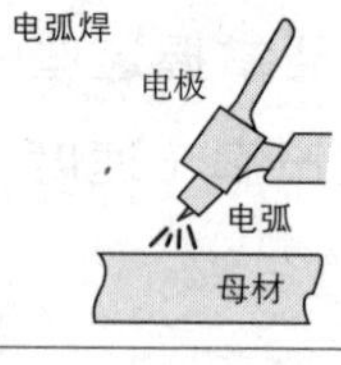
</td><td>在惰性气体状态下，母材和电极之间生成电弧，利用电弧的热将母材熔化后进行焊接。</td><td>①焊接过程中电流值不变
②母材和电极之间的距离固定
③相对焊接进行的方向，电极保持规定的进入角度</td></tr>
<tr><td>锈</td><td>金属和氧结合形成氧化物
例：$4Fe + 3O_2 \longrightarrow 2\ Fe_2O_3$</td><td></td></tr>
</table>

手电筒点亮照明的工作原理是“当电阻线有电流通过时会产生发热现象，当温度达到 1000℃以上时会发光”。 与该原理相对的原则是：①电池要有一定程度以上的启动电力（电导率）；②电池和灯丝之间接触充分（电路不断线）；③灯管在规定的使用寿命之内。

■ 消除主观臆想，探究真因

运用原理原则思考和解决问题，就能消除因主观臆想做出的判断。 这与遵循 PM 分析（参见第 44 节）中的现象的物理解析和运用 5why 分析法的原理原则解决第一个“为什么”相关。 只有找到现象背后的真正原因，我们才能向前再进一步，接近零故障、零缺陷、零损失的目标。

44. 坚持零化策略，探究一切要因

PM 分析，是一种解决设备慢性缺陷等“零目标”以外的问题的手法。 下面让我们一起设法解决以前从根本上解决不了的问题，向“零目标”发起挑战。

■ PM 分析的思考方式

设备缺陷、故障、短暂停机等慢性损失很难减少，这是其中的因果关系复杂，没有制定对策的结果。 在这种情况下，建议作业人员在 TPM 中灵活运用 PM 分析法。

PM 分析，是针对设备的慢性不良现象避免采用“重点思考”法，而应根据原理原则进行物理分析，明确异常现象的发生机制。 作业人员运用理论知识从 4M 层面入手，把可能影响慢性损失的原因全部列举出来并制定相应对策。 这是一种以“零目标”为目的的观察角度和思考方法。

■ 进行物理分析

首先，按下述方式对现象分层，直到得出一个物理分析（物理分析：利用物理性的原理原则说明现象本质的过程。——译者注）结果。

①明确能量发生转移的加工点

②制作加工点图

③明确释放能量的对象（A），接受能量之后变形、变质的对象（B）各是什么

④根据原理明确变形、变质的物理量参数（C）。所谓物理量，是与距离、角度等加工点位置关联的条件，以及与力度、速度、湿度、时间等能量关联的条件。

⑤明确物理量参数 D 的变化状态

⑥使用“在 A + B 的条件下，C 成为 D”的表述方式进行文字描述

⑦能运用公式或反应式表达时，可以认为其本身就是物理分析

如上所示，依据理论思考，并针对所有要因制定对策，这样就能实现“零目标”。

45. 在工序间营造品质的“零缺陷机制”

将缺陷降低至“零”是生产过程的理想状态。构建“防止缺陷产生”的持续性的维护管理机制非常重要。

■ 维护管理的难点是品质差异

“在工序间营造品质”，是指在生产工序中设定和管理防止缺陷产生的条件。这个条件包括：人员（Man）、设备（Machine）、材料（Material）、方法（Method）4大要素。其中特别是“设备”，如果设备的控制值能够维持在一个相对稳定的状态，产品的品质差异就能控制在最小限度。

随着生产工序的自动化和无人化发展，生产主体逐步从“人员”转向“设备”。尽管这样，生产现场仍然需要“人”的介入，由操作人员承担各种复杂的调试和处理工作。这样一来，设定和管理防止缺陷产生的条件就变得愈发困难。

■ 构建“零缺陷机制”

“实现零缺陷包括5个实践项目”（参见表3-6）。为了“在工序间营造品质”，我们必须把重点从结果（产品）

不理解相关设备部位的结构和零部件组成，列举要因时就会发生遗漏。

图 3–23　了解构造和零部件组成

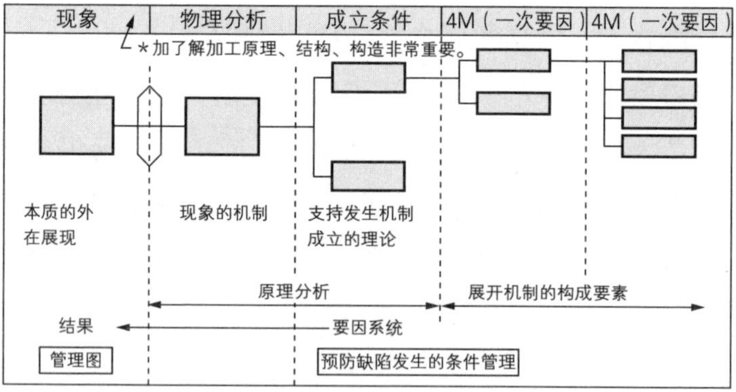

图 3–24　P M 分析的思考方式

管理转向点检条件的原因管理，即完善“通过 4M 管理营造产品品质”的体制。

为维持该体制，作业人员必须具备“发现异常，处理、复原，设定条件，维护管理”4 项能力。所谓“防止缺陷产生的生产设备”，不是指那些价格高昂或工艺先进的设备。不管什么设备，若想使之最大限度地发挥作用，必须有人的介入。也就是说，在以作业人员掌握 4 项技能，设定防止缺陷产生的条件，实现维护管理为目的的基础上构建的体制是通往“零缺陷”的捷径。

首先，作业人员必须认真遵守既定规则；发生异常时，应迅速采取措施应对；应与专业人员一起在推动改善工作进行的同时构建零缺陷的构造体制。

46. 根据 4 M 检核法制作 QM 矩阵!

运用揭示 4M（人员、设备、材料、方法）与品质之间关系的 QM 矩阵，使防止缺陷产生的要因管理成为可能。

■ 对 4M 进行管理

所谓 QM 矩阵，是针对生产过程中的管理对象按各点检项目逐个实施，以确保无遗漏为目的，总结品质特性与设备各部位基准值之间关系的表格。通过 QM 矩阵，能使设备操作者全员理解在维护品质特性的基础上进行条件管理的必要性。

现场管理（设备、技能、夹具、5S、环境等）的一切都会对产品的品质产生影响，其中，4M（人员、设备、材料、方法）管理对品质的影响很大。改善品质缺陷不仅要看最终产品的品质，还应关注作为要因的4M。所以，让一线员工理解营造品质的过程与哪些因素关联非常重要。与“使用某种方式生产会发生产品缺陷”同理，操作人员提前发现可能产生的缺陷并及时采取措施，这是使产品合格率达到100%的唯一方法。

■ 要因管理，不是结果管理

QM矩阵按各工序制作。横轴是该工序的目标品质特性和规格值，纵轴是设备精准度、加工条件、操作规程、材料（前工序）品质等4M条件。

当运用QM矩阵整理上述信息时，就会发现所需管理的项目数庞大，处理如此众多的项目存在一定困难。这时，应遵循“少长短”（为使维护管理容易进行，采取减少项目、延长周期、缩短时间等措施）的基本原则重新审视，把重点放在减少项目数，尽量使点检项目集中上。

综上所述，将管理的重点从结果转向要因，以争取产品合格率达到100%。

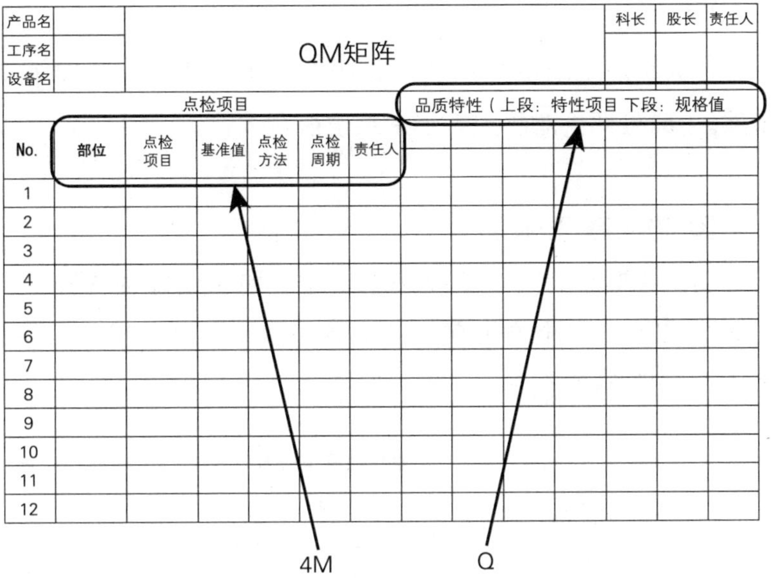

图3-25　QM矩阵

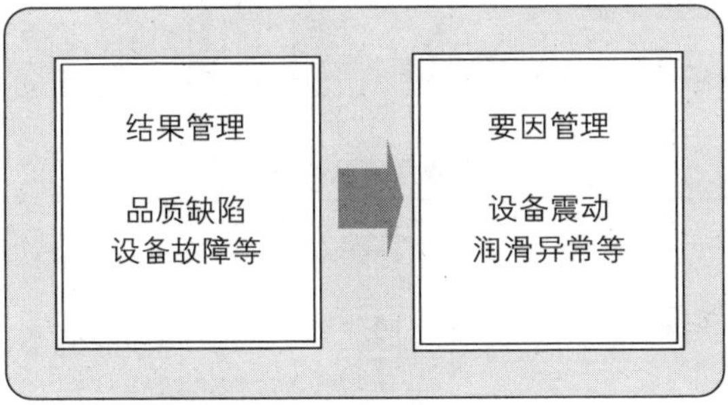

图3-26　向要因管理转变

47. 改善隐患就是预防重大事故

在灾害发生前贯彻落实对隐患的对策和改善，防灾害于未然。 风险评价对防灾害于未然也很有效。

■ 防灾害于未然

从自主维护的第一阶段找出工作环境和设备中的异常，与此同时找出安全方面的异常，在进入第二阶段后进行改善。 一切服从安全第一。

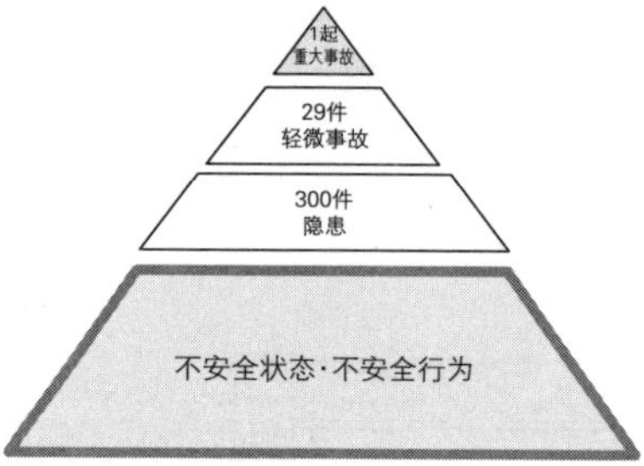

●隐患盲点分类

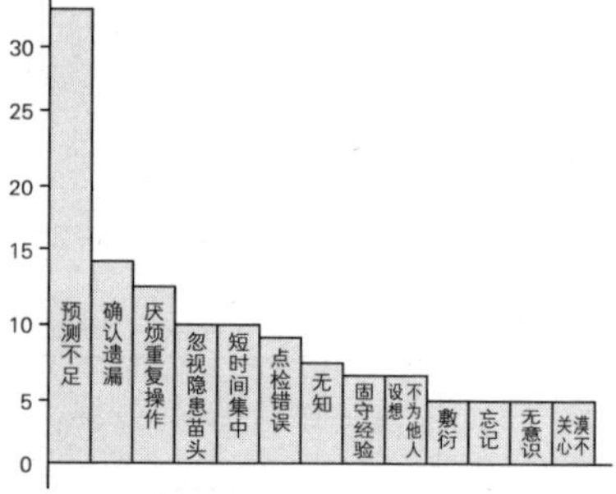

●作业人员风险评估步骤

1.作业工序调查
2.危险源列表
3.风险层级评定
4.风险评估
5.探讨对策方案，设想对策实施后的风险
6.实施对策，实施后的风险评估

●危险源列表

1.设备危险源：冲撞、剪断、切断等
2.电气危险源
3.热危险源
4.噪音危险源
5.震动危险源
6.放射线危险源
7.借助设备进行处理，因使用、排出的材料及物质引发的危险、有害物、火灾等
8.因机械设计中人类工程学原则疏漏引发的危险
9.组装危险
10.因电源丧失，设备零部件缺损，其他功能故障引发的危险
11.因安全对策/方法不规范，或设置错误引发的危险
12.因安全对策/方法一时不规范，或设置错误引发的危险

图 3–27 海因利奇法则

劳动灾害的发生率有章可循，这个规律就是“海因利奇法则”。该法则通过调查结果表明：一起重大的安全事故背后有 29 个轻微事故，每个轻微事故背后有 300 个事故苗头（突发事故的背后必然存在隐患或潜在事故）。

因此，找出隐患，针对该隐患进行改善，防灾害于未然至关重要。安全预防手段中有一种找出所有风险并制定相应对策的风险评估手法，该法依据国际标准化劳动安全卫生管理体系——OHSMS18001（职业健康安全管理体系）及有关风险评估的具体规定——ISO14121 制定并规范化。风险评估标准依据风险数量（密度）、发生可能性（概率）、危险的深浅（重大性）等评分标准进行评价。在 TPM 安全活动中，通过设定隐患目标件数和对策，针对问题频发设备进行风险评估使潜在缺陷和灾害问题显现出来，从而提升改善的效果。

■ 积极推进活动

开展防灾于未然的活动时，建议按以下几点进行。

① 理解海因利奇法则

② 抽查和改善隐患

③ 实施风险评估

48. 活用安全警示“黄签”，防灾于未然

灾害发生时，不仅危害操作者本人，还会对其家人和同

事产生影响。所以，让我们一起构建一个安全舒适的工作环境！

■ 危险就在我们身边

TPM 安全活动的要点是把设备的不安全因素消除在萌芽状态，遵循危险发生源对策把重点放在预防上，并以防灾害于未然为特征。

其实，我们身边的设备和操作过程中存在很多危险。例如：作业人员明知生产现场存在“设备旋转部位无防护罩”等潜在危险却不加处理，最终导致事故在某天突然发生。所以，作业人员必须深刻认识材料、设备、作业、加工等潜在的危险。

■ 活用安全警示“黄签”

即使察觉到生产过程中一丝一毫的危险，也应倡导全员参加开展零灾害活动，并挂出安全警示“黄签”。

提到生产现场的现状，无论日常安全活动，还是以消除隐患为目的开展的 KYT 活动（伤害预知预警活动，Kiken Yochi Training）几乎都是事后对策。在一线员工很少采取硬性停止措施的客观环境下，企业可以采用让现场潜在缺陷显现的策略——“黄签战术”，推动安全先行（预防）活动。挂安全警示“黄签”的要点参见表 3－6。

为了减少引发灾害的重大诱因——非常态化作业，一线

表3–6 挂安全警示“黄签”的要点

人员	伸懒腰，叉开腿站立，窥视弯腰曲背，蹲下，斜倚； 重体力劳动（＞15kg），高处作业（＞1.5m）； 衣服破损、脏污
设备	触碰设备的锋利或驱动部位；操作人员被卷入运动中的部位；驱动部位不可视； 加工点不可视；接线外露；接线松动； 计测仪上显示的正常值、异常值判断不清； 配管中流动的液态物质不明；阀门开关标志不清； 无紧急停止装置；无安全装置；发生异常时不停转； 无开关插座（自动化设备，半自动化设备）； 无锁联防护装置（愚巧法，fool proof）； 有短暂停机，设备空转（在不切断电源的情况下解除非常危险）现象； 配线直立堆放；地面凹凸不平；漏雨；切粉飞散；砂轮粉末飞散； 烟性尘埃飞散；三漏（漏气，漏水，漏油）
材料	保管场所无标识，最大在制品量不明； 包装外形未确定，超过最大在制品量 直立码放
方法	无操作规程，操作规程未定期修订 不遵守基准书（难以遵守） 管理人不明确（正 · 副）

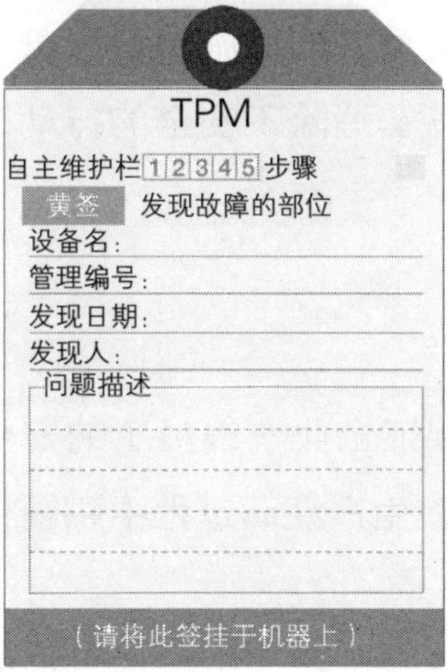

◀除一般的“红白签”外，在与安全标准相关的异常部位挂的是安全警示“黄签”。参照上述要点，在工作岗位潜在的危险处所挂签的同时切实开展相关活动。

表3–28 签牌示例

员工应积极推动设备故障、短暂停机、零事故等活动。为此，生产现场必须从完善设备管理工作开始。

组织相关人员对工作岗位中存在的非常态化作业展开调查分析，并在接下来构建的安全体制中应用是重要的一步。有了调查分析信息数据的基础，才能提升设备的本质安全化水平（参见第49节）。要把危险因素消灭在萌芽状态，在制造设备阶段（设备设计阶段）彻底查明危险发生源并采取对策，对安全性做好事前评估很重要。这项工作正是在一线员工开展挂安全警示“黄签”活动的基础上实现的。

49. 以本质安全化确保工作岗位的安全

工作岗位一切以安全第一为宗旨。当有人在危险部位挂出安全警示签后，应立即组织相关人员采取措施进行改善。此外，还应通过改善不安全处所和落实消除不安全的行动，继续做好零灾害工作。

■ 构建“零灾害的工作环境”

工厂进行生产活动的大前提是保证企业一线员工的安全生产。换句话讲，生产和安全二者在生产活动过程中相辅相成，缺一不可。

在日本，企业为确保一线员工的安全和卫生条件，根据《劳动安全卫生法》要求各大企业必须积极构建企业安全机制并确定具体活动内容等事项。各企业以零灾害劳动环境为目标大力开展本质安全化活动。灾害的发生是不安全状态和不安全行为重叠的结果，因此，对企业而言构建一个安全的劳动环境至关重要。

为此，要求企业建立设备“愚巧”和“故障安全防护装置”（参见第 51 节）。具体措施有：防止操作人员被机械设备卡住、卷入、割伤擦伤；破损物、飞来物、有害物；误操作；防止控制系统故障机和机械自动化……除设备外，例如在工厂安全通道上摆放物品，地面高度存在落差，人员穿行的屋顶高度较低等危险几乎无处不在。

■ 对安全问题和隐患应做到随时改善

首先，一线员工应在安全异常部位挂出安全警示“黄签”，之后立即进行摘签改善活动。与此同时，对作业过程中的隐患也不能听之任之，而应迅速采取措施改善问题。这些措施非常重要。

对企业而言一切以安全第一为宗旨。在此基础上依法组织开展各项活动，与 TPM 活动关联，并针对生产现场的异常现象迅速实施以下改善活动。

① 根据《劳动安全卫生法》组织并开展活动

② 实施风险评估和隐患对策

③ 通过安全“黄签”的挂签和摘签活动，确保工作环境的

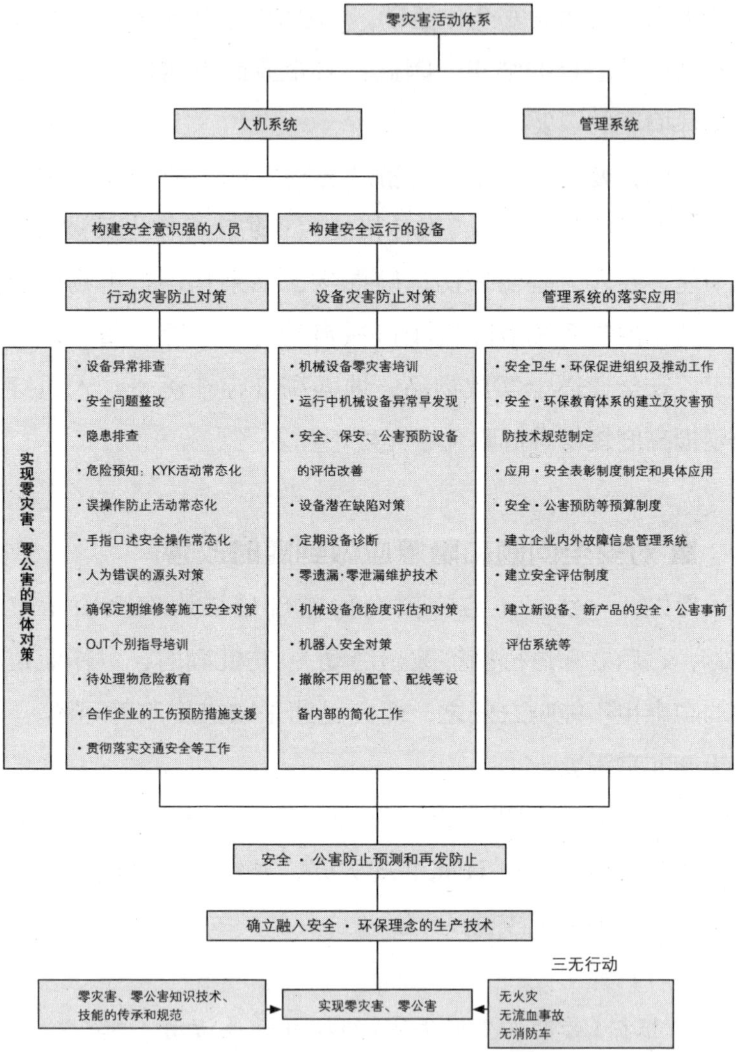

图 3–29　零灾害、零公害活动

本质安全。

50. 非常态化作业与灾害的关系

灾害在维护保养作业、故障对策作业等非常态化作业中时有发生，所以，减少因非常态化作业引发的灾害至关重要。

■ 作业分析和行动计划

非常态化作业包括维护保养作业、产品缺陷、设备故障等故障处理作业和试行、试运转、材料置换等作业。

非常态化作业的特征是：日常重复性或持续性工作少，一般在时间并不充裕的状态下完成。因此，可以认为①未针对设备和管理进行充分的事前讨论；②操作者认识接触的机会少；③作业跨越多个部门等因素与灾害相关的机会较多。实际上，为了在大型设备中应对这些因素，现场人员会通过制订指导方案，采取恰当措施防止工伤事故等发生。工厂在进行大规模作业时会设置相关安全卫生顺序，包括确认作业申请书、作业内容确认；对灾害原因和应对措施进行事前评估；还会制订作业计划书，并依据该准则实施作业。

图3－30是企业一线员工进行非常态化作业时的注意事项，请认真阅读并理解它们与常态化作业之间的区别。

- 是否经过上级（监管人）许可
- 有无电源已切断（修理中）等行业安全标识
- 修理使用空气的设备前，配管原始阀是否关闭
- 与他人协同作业时，是否确定由谁主导，有无协同规则
- 使用香蕉水或汽油等溶剂清洁设备零部件时，是否注意了火源
- 是否遵循“修理结束”“试运行”等操作规程及规则

非常态化作业极易导致灾害发生，因此，作业人员必须在认真遵守注意事项、禁止事项等的基础上操作。

图3–30　非常态化作业的注意事项

■ 减少非常态化作业引发的灾害

为防止非常态化作业引发的灾害，应遵循以下步骤进行。

①对非常态化作业进行分析整理

②按照非常态化作业的标准步骤进行

③把灾害原因和应对措施的事前评估作为标准步骤，按照该步骤进行。

④贯彻落实注意事项和禁止事项

非常态化作业与灾害之间存在密不可分的关系，因此，积极推动改善故障和短暂停机，减少非常态化作业非常重要。

51. 运用KYK、KYT、故障安全防护和愚巧装置

为实现零灾害目标，作业人员在进行日常生产活动时，应使用线上线下等各种工具进行安全预防维护保养。

■ 运用灾害预防工具，开展训练并采取措施

灾害发生时，彻底追查事故原因并防止再发是必需的。但是，这些措施只是针对结果的零灾害对策。与此相对，灵活运用预防原因的工具，以防止灾害发生非常重要。

所谓危险预知活动（KYK），是一种通过在生产现场作业开始前预想潜在危险，制定相应对策以防灾于未然的手法。另外，危险预知训练（KYT）作为一种事前训练活动，是借助绘图、图表等直观手段发现与作业相关的危险部位和危险行为的直接要因并考虑相关对策。

故障安全防护装置（Fail - safe Design），是指即使设备发生故障，也确保机器维持安全运行状态的装置和设计。此外，愚巧装置（Fool - proof），指即使出现人为操作失误或作业错误，也避免灾害发生的结构和设计。为保护操作人员远离灾害，应从“设备安全”和“人员防护”两方面入手。设备安全防护工作存在困难时，可采用表 3 - 7 所示的安全防护工具。

例如：穿安全靴是为了防止人被物品绊倒后发生事故；在低矮狭小的场所佩戴安全头盔是为了保护头部安全。操作人员绝对不能因为嫌麻烦而不用，必须严格遵守安全操作规程，按规定佩戴劳动保护用具。

■ 活用灾害预防工具实现“零灾害”

综上所述，为实现零灾害，以下几点很重要。

- 贯彻落实 KYK、KYT、故障安全防护装置、愚巧装置等
- 遵守安全规定和操作规程，按规定佩戴安全防护用具
- 养成“手指口述”的习惯，唤醒员工的安全意识

表3-7 安全保护和防护用具

No.	分类	内容
1	保护用具	【与员工生命相关的重要项目】 ·防护背心 ·安全带 ·皮带 · 安全头盔等 【身体各部位用的保护用具】 ·安全靴 ·防护手套 ·护目镜 ·防火服 ·电气作业用橡胶绝缘手套 ·防护口罩等
2	防护用具	·防护网 ·橡胶垫 ·防爆板等

眼、口、耳、手腕、手掌等知觉、肌肉全体总动员，提高认知的正确度

表3-31 手指口述操作法

附录
TPM 总复习

生产现场和 TPM

什么是“生产现场的职责”？ 用一句话简单概括，就是“确保在预定交付期之前，确保以低廉的价格向顾客提供全部所需的优质产品”。 那么，在什么样的情况下生产现场的职责没有得到充分发挥呢？

- 设备突发故障，生产计划未能如期进行
- 生产线工序变更困难，调整耗时
- 返件多，必须增加品检次数
- 设备短时或临时停运，巡回工作量大。现场处于“无法安全放心操作设备的状态”，操作人员忙得晕头转向

此外，

- 操作难度大，即使小心谨慎也难免失误
- 作业分配不均，感觉只有自己一个人在拼命干活
- 一天之中始终在车间里跑来跑去
- 感觉手头干的工作似乎多余，感觉“始终无法静下心来轻松自如地投入工作”

再进一步，

- 由于油等液体的飞溅，导致工作服易脏，经常脚下发滑，仿佛会跌倒。
- 治具等物品的整理整顿不到位，寻找时间延长
- 工作期间一会儿走神，一会儿发呆
- 夏天热，冬天冷
- 体力劳动量大，周围环境嘈杂，如此的工作环境，不能称之为“人性化的工作环境”。

如上所述，有些情况依然在继续：

- 无法安全放心操作设备的状态
- 不能轻松身心工作的状态
- 不是一个“人性化的工作环境”

企业一线员工应针对这些情况组织小集团活动进行改善，“为企业业绩做贡献”是 TPM 以及自主维护活动追求的

目标。

TPM 的定义

TPM 一词由全员参与生产维护（Total Productive Maintenance）和全员参与生产经营（Total Productive Management）的首位英文字母组成。TPM 的目标不仅在于追求设备效率，还在于追求生产系统整体的效率极限，这是一种提升企业业绩和实现全员参与型经营的企业体制改善活动。

TPM 的定义如图 1 所示，由 5 个项目构成，并提出各自的内容。

①……TPM 的目标
②……实现目标的途径
③～⑤……由谁承担主要角色并组织活动

TPM 是什么？
① 以建立追求生产系统效率极限（综合效率化）的企业体制为目标
② 在现场、现物中构筑以生产系统的生命周期整体为对象，建立“零灾害、零缺陷、零故障”等事前防止所有损失于未然的生产现场体制
③ 从生产部门开始，而后跨越开发、销售、管理等所有部门
④ 从经营者至一线从业人员全体参与
⑤ 以重复小集团形式开展活动，追求零损失

图 1　TPM 的定义

TPM 的目标是“提升生产系统效率，追求企业效益最大化体制”。实现该目标的途径是“将生产系统中潜在的全部损失降低为零”。在此基础上，“实现零损失应由企业所有部门组织全系统员工参与”，这就是 TPM。

TPM 不仅是以降低损失为目的的活动，企业致力于减少损失和浪费的活动名目繁多。TPM 的重点除了降低损失外，还包括在现场现物中组织构建防止事故发生的预防工作（保全），这是 TPM 的重要特征。

TPM 的本质

归根结底，TPM 是以追求企业效益为目的的“盈利”技术和手段。TPM 活动本身不是目的。

那么“盈利”又是什么？其启示参见图 2 的“TPM 的五个基本理念”。其中，“构建盈利的企业体制”、“预防哲学”（防灾于未然）是 TPM 的最大特征。

实现预期效果（经济效益）的盈利性工作模式并提升品质，不能只停留在课题改善活动上，还应开展重组工作，这才是 TPM。

盈利性工作模式的启发点落在 TPM 基本理念第 2 项的“预防哲学”（防灾于未然）上。通过将故障和缺陷损失降低为零来实现盈利，这就是 TPM 的思考模式。为实现零损失，不仅要“减少损失”，“防止损失（防患于未然）”也是必需的。

1. 构筑盈利的企业体制
——寻求经济性、零灾害、零缺陷、零故障
2. 预防哲学（预先防止）
——MP——PM——CM
3. 全员参与（参与经营、尊重他人）
——重复小集体组织，作业人员自主维护
4. 现场现物主义
——使设备、工作维持在“应有的理想状态”，采用目视化管理，营造一个整洁舒适的工作环境
5. 常识的新陈代谢
——对事物观点、看法的连续性进化和成长

图 2　TPM 的基本理念

通过 16 大零损失实现盈利

TPM 是一种通过将生产系统潜在的全部损失降低为零，实现扩大企业效益和盈利的企业体制的活动。 TPM 的活动对象不仅包括生产部门，还涉及从接到订单到交付为止的整个商业过程。

在 TPM 中，生产系统潜在的损失是以生产为中心的 16 大损失。 这些损失具体包括什么？ 请参见第 36 节附图。

这 16 种损失大致分为以下几类，① 阻碍设备效率的 8 种

损失；② 阻碍人员效率化的 5 种损失；③ 阻碍基本单位（原料效率化）的 3 种损失。 在 TPM 中，首先应对这几类损失进行量化分析。 其次从“减少”和“预防”2 方面分开改善，并组织相关人员全员参与实现零损失。

TPM 的 8 大支柱

为了在 TPM 中实现将 16 大损失降低为零的目标，组织全员参加图 3 所示的 8 项活动，这被称为“开展 TPM 活动的 8 大支柱”。 当活动分成“减少”和“预防”2 方面的活动时，就可以进一步细分为 8 大支柱活动。

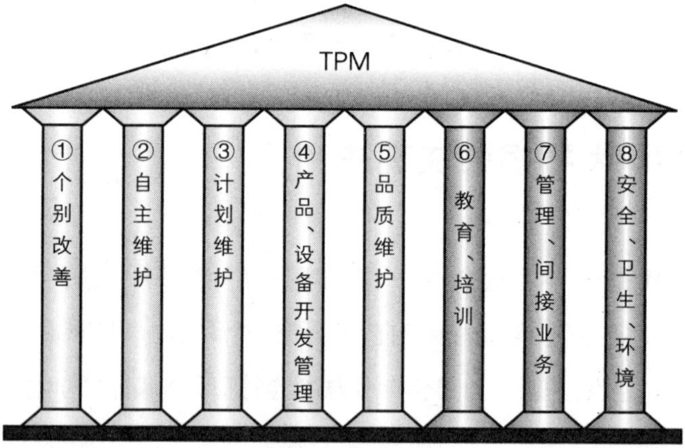

图3 开展TPM的8大支柱

①促进生产效率化的个别改善活动

按生产线（过程）和设备对损失进行调查和量化，开展以减少损失为目的追求“实质性盈利”的活动。

②构建以操作人员为中心的自主维护体制

预防损失的代表性活动，以构建“自己的设备自己维护”的自律管理体制为目标。

③构建以维护部门为中心的计划维护体制

通过设备劣化诊断、复原和改良维护活动延长设备寿命，以零故障和降低维护费为目标由维护部门主导的活动。

④构建产品、设备开发管理体制

在产品和设备的研发设计阶段，设想生产过程中可能发生的损失并预防，采用垂直一体化模式进行的活动。

⑤构建品质维护体制

设置防止缺陷产生的条件并建立维护管理体制，提前预知缺陷发生的可能性并制定对策，开展预防零缺陷的活动。

⑥构建教育、培训体制

在操作进行中整理归纳必备知识和技能，开展以减少、预防损失为目的的技能提升活动。

⑦构建管理、间接业务部门的效率化机制

在支援开展减少和预防生产现场损失的活动的同时，在本部门内开展相同的活动。

⑧构建安全、卫生、环境管理体制

以零灾害、零公害、零垃圾，为职工营造舒适人性化的工作环境为目的的活动。

如图 4 所示，8 项活动中的各活动之间相辅相成也是 TPM 的特点。

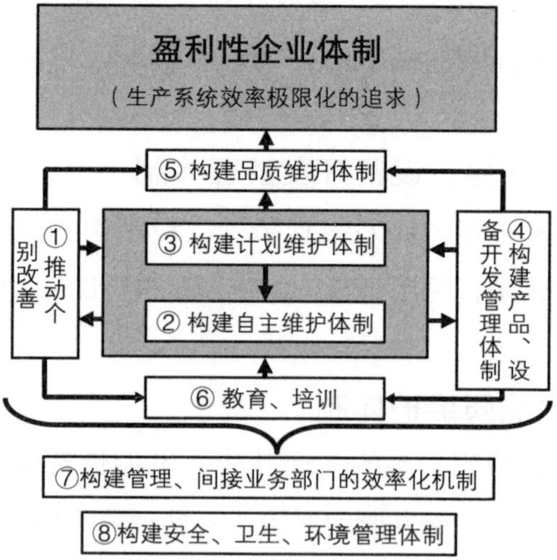

图4　盈利改善与TPM之间的关系

自主维护“七步骤”

TPM 的主要特征——自主维护活动遵循以下 7 个步骤展开（参见表 1）。

①第一阶段 初期清扫

通过清扫设备，彻底清除附着在设备上的污染点，包括污染点引发的设备疲劳等问题，同时逐一找出设备使用过程中的异常（包括漏油、松动、损伤等）现象并立即复原。

此时，在异常发现部位详细记录问题内容、日期、发现人等信息并挂出安全警示签（标签）。待设备恢复正常后摘签。这种发现问题的活动被称为“挂签活动”，恢复设备正常运行状态的活动被称为“摘签活动”。

通过上述活动，使一线作业人员在了解设备结构的同时，掌握发现异常的能力，并亲身体验“清扫就是点检，点检就会发现异常，异常就应复原并改善，复原就出成果，成果就是喜悦，喜悦就是通向下一个目标的精神食粮”的过程。

②第二阶段 发生源、点检困难部位对策

消除垃圾、污染的发生源和防治飞散；改善清扫、注油之困难部位；在规定的目标时间内争取完成清扫、注油工作。此外，通过改善活动“培养改善之洞察力”，即通过观

察、分析和制定对策，达到掌握改善四原则之 ECRS。 通过重复实践改善活动，使作业人员发自内心地爱护设备。

表 1　机械加工工序和手工工序的开展内容

	步骤	加工内容	手工操作工序内容
1	初期清扫	以设备本体为切入点，找出异常并处理、复原	以操作为切入点，认识损失并明确什么是“应有的状态”
2	发生源・点检困难部位对策	对发生源采取对策；改善清扫、注油、点检之困难部位	制定超负荷、浪费、不均衡作业等发生源对策并改善困难部位
3	编写自主维护准基准书草案	在第一阶段、第二阶段活动的基础上，制作行动准基准书，同时进一步缩短维护时间	为继续维持在第一阶段和第二阶段复原、改善的作业内容和工作环境，对操作标准进行第一次修订
4	总点检	学习设备的功能、结构等相关知识，掌握用眼睛发现异常的能力	以 4M 为切入点，实施作业内容之总点检
		4—1　紧固 4—2　驱动、传导、润滑 4—3　油压、空压 4—4　电气 等	4—1 4—2 4—3 4—4 对设备进行总点检的同时，实施盘存作业总点检
5	自主点检	从临时基准到制定正式基准。在此基础上进一步改善设备，使之便于维护管理	制定正式操作规程，依据该基准对员工开展培训

（续表）

	步骤	加工内容	手工操作工序内容
6	标准化（和维护管理）	对设备以外的规范中难以遵守的部分继续进行改善，同时完善相关标准	列出作业以外的决策，完善相关标准并修订
		6—1 工序变更作业 6—2 夹具 6—3 工序内半成品 6—4 计量仪器管理 6—5 备件管理 6—6 台账管理……	6—1 工序变更作业 6—2 零部件管理 6—3 操作技能 6—4 设备、夹具 6—5 备件管理 6—6 台账管理等
7	落实自主管理	重复小组全员开展自主维护和个别改善，持续提升自主管理水平	重复小组全员开展自主维护和个别改善，持续提升自主管理水平

③第三阶段 编写自主维护基准书草案

为维持自主维护第一阶段、第二阶段的成果，应组织人员编写清扫基准书草案；重新评估设备的注油、润滑状态；找出并改善异常部位及注油、点检之困难部位；制定临时基准。 采用上述措施以提升设备的可用度和维护性，并由操作人员自己制作容易遵守的基准书。 该阶段的重点是将机器设备从强制劣化中解放出来并巩固之前取得的成绩。

④第四阶段 总点检

为追求设备效率最大化，了解设备和零部件的结构、功能和原理；学习什么是“应有的状态”；对设备进行逐一点检，确保无遗漏；找出设备中潜在的微缺陷，使之恢复至应有的状态并改善。

将紧固、润滑、油压、空压、驱动、电气、安全、加工条件等全部列为对象，学习该阶段“应有状态”的相关知识；掌握点检、复原技能，成为一名对设备专精的作业人员。

⑤第五阶段 自主点检

今后需要继续维持和改善从第1阶段到第4阶段实现的设备劣化、复原状态；进一步提升设备的可用度、维护性和设备品质。因此应做到重新修订之前制定的清扫、注油、总点检、设备品质点检等各步骤的基准，营造一个点检效率化和零错误的理想状态；总结并实践自主维护基准（与第3阶段的基准书草案相对，在该阶段编写正式基准）。

对照维护部门的年度维护保养日历，根据个别改善重新评估维护项目，构建零故障设备。

⑥第六阶段 标准化

之前的阶段以设备为中心完善基本条件，活动的侧重点是日常点检工作。进入本阶段，在切实开展维护管理工作的同时，将作业人员的职责权限扩大到周边设备作业上。为进一步彻底降低损失构建自主管理的基础。除设备外，还应以安全品质、夹具、备用品、材料、计测仪器、操作、工序、施工、环境、物流、生产管理等生产过程中必要的日常管理项目为对象，确认并加强遵守程度，通过便于开展的改善活动规范各类标准。

⑦第七阶段 落实自主管理

将之前进行的所有活动集中起来，在改变设备、改变人员、改变环境并取得一定成果的基础上挑战无极限，使生产现场形成一个融参与、合作、生产和感动于一体的环境。

遵循企业总指导方针，认识自己现在所处的工作岗位应该做什么，并积极采取措施行动起来。 全员同心协力开展 PDCA 重复活动，构建一个为实现目标充满活力的工作环境（参见表2）。

表2　自主管理水平评价实例

诊断项目			诊断检查要点
维持活动	1	是否遵守?	①是否建立以维持为目的的体制?
			②规范是否遵守?
	2	是否便于遵守?	①使规则“便于遵守”的改善是否进行?
			②改善后是否停止?
			③维持时间是否达成目标?
改善活动	1	改善实施的情况?	①是否积极实施并完成课题?
			②是否全员参加改善?
			③课题完成件数是否超过目标?
	2	改善课题结束后的水平?	①是否开展与编制匹配的课题?
			②是否为高评分活动?

（续表）

诊断项目			诊断检查要点
综合成果	1	共同目标的完成水平如何?	①故障件数是否减少?
			②工序缺陷是否减少?
			③综合效率是否提高?
			④生产效率是否提高?
			⑤技能提升目标是否实现?
	2	工作环境目标的完成水平如何?	①工作环境的特定改善项目设计是否良好?
			②改善的完成水平处于什么层次?

图5　自主管理水平评价实例

复合式活动的作用

各岗位复合式团队活动成立的前提是承担工作责任。通过完善工作岗位的各类决策和工作环境（追求人性化，易遵守），构建一套切实可行的维护管理体制。

岗位上的每个人都负有各自的职责，大家必须作为一个整体发挥功能，具体是指全员参与，切实进行自主维护各阶段的活动。

企业员工应当遵守的规程中存在很多潜在的课题、问题点和异常。一线员工除了把握其实际情况，自行采取措施使之复原并上报相关部门外，能够在多大程度上追溯发生源非常重要。

在此基础上还应进行个别改善，以提升工作岗位的整体操作水平。具体方式如下：

- 了解工作岗位的具体损失情况

- 遵循企业高层决策，明确在指定期限内能解决多少课题
- 要求在短期内解决课题，争取达到目标

接下来，再通过继续推动改善，运用要因分析能力、改善实施能力、条件设定能力等 QC 事例掌握开展改善活动的实际操作能力。

图书在版编目（CIP）数据

精益制造.011，TPM推进法/日本JIPM-S编；刘波译.—北京：东方出版社，2013.1
ISBN 978-7-5060-5967-1

Ⅰ.①精…　Ⅱ.①日…②刘…　Ⅲ.①企业管理—生产管理　Ⅳ.①F407.406

中国版本图书馆CIP数据核字（2012）第309386号

GENBA GA SYUYAKU NO THIPIEMU-MURI · MUDA · MURA WO
NAKUSUTAMENOTESSOKU GOJYUICHI by JIPM-Solution
Copyright © JIPM-Solution 2010
All rights reserved.
First Original Japanese edition published by JIPM-Solution co.,Ltd Japan
Chinese (in Simplified character only) translation rights arranged with JIPM-Solution co.,Ltd Japan.
through CREEK & RIVER Co., Ltd. and CREEK & RIVER SHANGHAI Co., Ltd.

本书中文简体字版权由北京创河商务信息咨询有限公司代理
中文简体字版专有权属东方出版社
著作权合同登记号　图字：01-2012-5279号

精益制造011：TPM推进法
(JINGYI ZHIZAO 011：TPM TUIJINFA)

编　　者：[日] JIPM-S
译　　者：刘　波
责任编辑：崔雁行　高琛倩　张军平
出　　版：东方出版社
发　　行：人民东方出版传媒有限公司
地　　址：北京市东城区朝阳门内大街166号
邮　　编：100010
印　　刷：北京文昌阁彩色印刷有限责任公司
版　　次：2013年1月第1版
印　　次：2022年12月第11次印刷
开　　本：880毫米×1230毫米　1/32
印　　张：5.625
字　　数：109千字
书　　号：ISBN 978-7-5060-5967-1
定　　价：58.00元
发行电话：(010) 85924663　85924644　85924641

版权所有，违者必究
如有印装质量问题，我社负责调换，请拨打电话：(010) 85924602　85924603

东方出版社助力中国制造业升级

定价：28.00 元

定价：32.00 元

定价：32.00 元

定价：32.00 元

定价：32.00 元

定价：32.00 元

定价：30.00 元

定价：30.00 元

定价：28.00 元

定价：32.00 元

更多本系列精品图书，敬请期待！

畠山芳雄“管理的基本”全系列

定价：32.00 元

定价：30.00 元

定价：24.00 元

定价：24.00 元

定价：21.00 元

定价：20.00 元

定价：26.00 元

定价：19.00 元

定价：26.00 元

定价：29.00 元

定价：20.00 元

定价：20.00 元

定价：19.00 元

东方出版社更多精品图书　敬请期待！